激发无限潜能　练就卓越口才

演讲的艺术

——全集——

HOW TO DEVELOP SELF-CONFIDENCE AND INFLUENCE PEOPLE BY PUBLIC SPEAKING

[美] 戴尔·卡耐基 著

王 林 译

北京燕山出版社
BEIJING YANSHAN PRESS

目录 CONTENTS

再版前言 多萝西·卡耐基 / 001

第一篇 培养勇气和自信

无论何时何地,人们总是崇尚勇敢。所以,无论你的内心世界受到何种重创,你都要勇敢地大步向前,坚强地伫立在人们面前,并表现出你的热爱之情。

1. 要有强烈且持之以恒的愿望 / 009
2. 完全清楚自己要说什么 / 011
3. 让行动充满自信 / 012
4. 练习!练习!再练习! / 015

   小结 / 017

第二篇 自信来自充分的准备

演讲前的精心准备,演讲内容的清晰、明确,演讲的震撼力以及透彻性是十分必要的。这样,演讲不再是一种束缚,而变得容易;它也不再是负担,而变得轻松。

1. 演讲准备的正确途径 / 022
2. 演讲准备究竟是什么 / 025
3. 布朗博士的睿智建议 / 027

4. 林肯是如何准备演讲的 / 030
5. 如何准备你的演讲 / 035
6. 储备信息的秘诀 / 040
   小结 / 043

第三篇 著名的演说家如何准备演讲

演讲者必须成为演讲主题的主人,也就是要对所有的事实加以收集、整理、研究和消化——不单是主题的一方面的材料,还包括主题的另一方面材料,甚至是方方面面的材料。

1. 获奖演讲是如何构思的 / 049
2. 康韦尔博士的演讲设计方法 / 054
3. 著名人士如何构建演讲 / 056
4. 让你的笔记成为璀璨的宝石 / 059
5. 演讲时可以借助笔记吗 / 060
6. 不要死记硬背 / 062
7. 格兰特将军的苦恼 / 063
8. 为什么雇主认为林肯"极为懒惰" / 065
   小结 / 067

第四篇 增强记忆力

不要盲目地、机械地死记硬背。应该是回忆一两次,然后把它放下。回来后再回忆一下。采用间歇性的记忆方法,它会让你收到事半功倍的效果。

1. 他们未曾留意一棵樱桃树 / 072
2. 林肯为什么大声朗读 / 074
3. 马克·吐温如何不带笔记演讲 / 076
4. 重复记忆最有意义 / 080

5. 如何把事物组织起来 / 082
6. 如何记忆日期 / 086
7. 如何记忆演讲中的要点 / 088
8. 如何应对演讲中的意外 / 090
9. 如何突破记忆才能的局限 / 092
   小结 / 093

第五篇 演讲成功的要素

作为一个演说家,成功的因素主要有两个——你的先天素质,以及你的愿望的强度。我们不妨这样说:"如果你想成为一名自信的公众演讲者,只要你真的这么想,那么,你终将实现这一目标。

1. 持之以恒的必要性 / 098
2. 确立永恒的目标 / 099
3. 努力定会有回报 / 101
4. 攀登"荒芜的凯瑟"的信念 / 104
5. 取胜的意志 / 106
   小结 / 109

第六篇 优秀演讲的奥妙

世界上没有任何人像你。虽然大家都有两只眼睛、一个鼻子、一张嘴巴,但彼此各不相同。同时,每个人都有自己的优点、思维方式和社会角色。因此,每个人的演讲应是独具一格的。作为一个演讲者,这就是你珍贵的资本。

1. 优秀演讲究竟是什么 / 115
2. 优秀演讲的奥妙 / 117
3. 亨利·福特的建议 / 119
4. 你在演讲中会做到这些吗 / 123

小结 / 130

第七篇 台风与个性

个性——除了准备之外——也许是演讲中最重要的因素。阿尔伯特·哈伯德宣称："在雄辩中，不是内容制胜，而是表达形式。"更确切地说，应该是形式加思想。

1. 为什么有的演讲者会更具吸引力 / 136
2. 演讲前已或是被指责或是被赞许 / 138
3. 把听众集中起来 / 140
4. 庞德少校打碎玻璃窗 / 142
5. 让光照亮你的脸 / 143
6. 讲台上不要乱放东西 / 144
7. 不要让嘉宾同在讲台上 / 146
8. 沉着镇静 / 148
9. 切忌荒谬可笑的肢体语言 / 150
10. 一些有用的建议 / 154

小结 / 156

第八篇 如何开篇演讲

你应预见一下如何开篇才能给人以新颖的感觉，才能留给听众难以磨灭的印象。

1. 以恰当的幽默开篇 / 163
2. 不要以过分自谦开始 / 167
3. 激发好奇心 / 169
4. 以故事开篇 / 173
5. 根据听众的兴趣确定演讲题目 / 177

6. 令人震惊的事实的吸引力 ／ 179
7. 朴实而有深意的开篇 ／ 181
   小结 ／ 183

第九篇　如何结束演讲

你并不需要像美国总统或加拿大、澳大利亚的总理那样发表流芳百世的演讲。你的问题在于如何在一群社会工作者面前结束演讲。

1. 总结演讲要点 ／ 192
2. 幽默结尾 ／ 195
3. 运用诗歌形式的结尾 ／ 197
4. 导向高潮 ／ 200
5. 适时结束演讲 ／ 203
   小结 ／ 205

第十篇　如何让你的演讲表达清楚

在演讲前要明智地确定好目的，并弄清达到这一目的的方法，然后巧妙地、科学地把它们贯穿到演讲中去。

1. 运用比喻使意思表达清楚 ／ 211
2. 避免使用专业术语 ／ 216
3. 林肯表达清晰的奥妙 ／ 218
4. 充分利用视觉效应 ／ 220
5. 运用不同词语重申要点 ／ 224
7. 运用说明和具体事例 ／ 225
8. 不要仿效山上的山羊 ／ 227
   小结 ／ 229

第十一篇 如何激发听众的兴趣

如果你现在对它产生了兴趣,那是因为你获得了新奇的知识,而这正是激发人们兴趣的秘诀所在。要是你在每天的交际中都运用这一技巧,那么,你将会获益匪浅。

1. 世界上最令人感兴趣的三样事物 / 235
2. 赢得二百万人认可的思想 / 238
3. 能吸引注意力的演讲素材 / 240
4. 要使演讲具体化 / 244
5. 使用能在人们头脑中创造图景的措辞 / 247
6. 通过对比激发听众兴趣 / 250

   小结 / 252

第十二篇 润饰你的语言

勤于读书、勤于识记,这就是好的演讲措辞的秘诀。因此,不管谁想丰富和扩大他的词汇量,那么,他就得不断从人类的巨大知识宝库中汲取养分。

1. 马克·吐温语言魅力的源泉 / 265
2. 单词背后的浪漫故事 / 267
3. 一句话反复修改了一百零四次 / 270
4. 避免陈腐的表达 / 273

   小结 / 276

再版前言

近年以来，戴尔·卡耐基的名字已经成为"赢得友谊与影响他人"的代名词。《人性的弱点》（*How to Win Friends and Influence People*）是迄今为止非虚构类图书中最为畅销的书籍之一，为他带来了国际知名度。但《人性的弱点》并不是卡耐基写的第一本畅销书。

前一段时间，出版商、印刷协会的人来找我，提出出版我的已故丈夫的书的想法。他们觉得，如果编辑出版一本口袋书，可能会非常具有号召力，因为这本书包含了日常生活中许多有价值的观点和建议。

通过戴尔·卡耐基课程，已经将他的理念传播到了整个世界，毕业生总数已经达到一百多万。这些课程可以帮助人们实现更勇敢、更快乐和更丰富的生活，激发他们所拥有的潜能。

这本《演讲的艺术》，已被编辑呼吁为"公共阅读"读本。它包含了许多充满智慧的箴言，帮助我们的学生实现他们的目标。在过去的几个月，在仔细地重新读这本书的过程中，我意识到里面有很多明智的行事准则，它能帮助人们克服恐惧和获得自信。这些准则中的实用技巧和建议，能帮助每个人与他人或组织进行有效的交谈。

我希望新的读者从这本书中得到尽可能多的收获，就像在过去的三十年中参加卡耐基课程的学生那样。

多萝西·卡耐基
一九五六年

第一篇
培养勇气和自信

不要认为你的经历是不寻常的,即使是同代人中的佼佼者,在其演讲生涯的开端,也同样被恐惧与紧张折磨过。

你要挺直腰杆,直视你的听众,自信地发表讲话,就如他们是你的债务人一样。要想象着他们欠你的钱,他们聚集在这里请求宽限还钱的期限。这样的心理将会有利于你的演讲。

> 面对公众讲话时拥有自信和勇气,以及沉着、清晰思考的能力,并不及绝大多数人想象的十分之一难。
>
> ——戴尔·卡耐基

自一九一二年以来,已有五十多万人成为我公共演讲课程的学员,并运用我的理论和方法。他们中的许多人也写信来告诉我,为什么会报名以及想从中学到什么。当然,他们的说法各不相同,但他们的中心思想和根本要求是那样的惊人一致,他们接二连三地写道:"当我被叫起来站着讲话时,我变得如此的紧张、恐惧,以致无法集中精神、理清思绪,无法回忆起我要说的话。我想变得自信、泰然自若,能获得独立思考的能力。在生意场上、俱乐部里或公众面前,我希望我的思维能合乎逻辑地组织起来,并能清晰、令人信服地表达出来。"成千上万的来信内容大多都是如此。

记得有一件真实的事情:多年前,有一个叫D.W.根特的绅士参加了我在费城举办的公众演讲课。就在开课不久,他邀请我到"制造业工人之家"共进午餐。他是个中年人,而且生活态度乐观。他不但是制造业公司的总裁,也是教会工作和公众活动的领导者。那天,当我们边吃边聊时,他斜靠着桌子说:"以前,人们多次邀请我在公众场合讲话，可我从未敢尝试。我会感到很忙乱、焦虑，脑袋也一片空白。所以我总是回避着这种事情。可是，我现在已是大学董事会主席，我必须主持会议，做一些发言……你觉得我这样的年纪才去学习演讲还可能成功吗？"

"根特先生，是我觉得吗？"我回答说，"这并不是我觉得不觉得的问题。我知道你是可以的。而且我知道，只要你采用正确的方法，并辅之以不懈努力，你肯定会成功的。"

他尝试地想相信我的话，可又怕过于乐观。于是半信半疑地对我说："我想你是出于好心，安慰我、鼓励我而已。"

他完成了整个培训后，我们有好一段时间失去了联系。后来，我们又在"制造业工人之家"一起共进午餐。我们又坐到了上次那个角落里的桌子旁。回忆起上次的谈话，我问他当时我是否太乐观了。他于是从口袋里拿出了一个红色封底的笔记本，让我看他预定的演讲日期，并坦诚地说："演讲的能力、演讲中的快乐以及能为社区服务——这都是我生命中最令人感到满足的事情。"

就在我们相遇前不久，在华盛顿召开了裁军会议。当知道英国首相打算参加这次会议时，费城的浸信会教徒们拍电报邀请他到他们城市举行的大型群众集会上做演讲。根特先生告诉我，他就是众多浸信会教徒中被选出来向群众介绍首相的人。

正是这个男人，在三年前坐在桌子旁，郑重地问我他能否当众演讲。

他的演讲能力进步的速度非凡吗？绝对不是。类似的例子有很多。举一个较为具体的来说——多年前，有一个布鲁克林的内科医生，我们称他为柯蒂斯医生，在佛罗里达州"巨人"训练场附近过冬。作为一名热情的棒球迷，他经常去看"巨人"队训练。不久，他跟球队便十分熟悉了。于是有一天，他被邀请去参加"巨人"队的庆祝宴会。

咖啡和坚果上过后，一些有名气的嘉宾站起来讲了几句话。突然，柯蒂斯医生意外地听到主持人说："今晚，有一位医生出席了我们的宴会。下面，有请柯蒂斯医生为我们的队员的健康讲几句话。"

他有这方面的知识准备吗？当然有。他有世界上最充分的准备：他研究卫生学和进行药物实践已有三十年了，对于这话题，本可以坐在椅子上，跟他旁边的人滔滔不绝地谈论一整夜。但是，要是站起来讲，哪怕只有一小部分听众，那可成了另一回事了。他显得那样无能为力。他心跳加速，因为他从未试过公众演讲。现在，他只想着能长出两只翅膀逃之夭夭。

他究竟怎么去做的呢？听众们正鼓着掌，每个人都看着他。柯蒂斯摇摇头，但这使掌声更热烈。"柯蒂斯医生，发言！发言！"这喊声变得越来越迫切。

他处在两难境地。他知道，如果他站起来发言，他根本说不出几句话，他准会失败。于是，这个局促不安和羞愧的人一言不发，站起来，转身，默默地离开了房间。

回到布鲁克林后，他做的第一件事就是报名参加我的公众演讲课程。他不想再次陷入令他脸红、哑口无言的境地。

他是那样令老师为之振奋的学生：他无比认真。他渴望能够当众演讲，而绝对没有半心半意。他总是充分地准备他的演讲，而且用心地练习。他从未有缺过任何一节课。

他认真地做着学生该做的事。他以惊人的速度进步着，这速度已超过了他的美好设想。经过最初的几次学习后，他的紧张情绪消失了，而信心却越来越高涨。两个月后他已成为学习班中的演讲明星。不久，他开始接受来自各地的邀请。现在，他非常喜欢演讲的感觉和激情，以及演讲带给他的荣誉与朋友。

一位纽约市共和运动委员会的委员听了柯蒂斯医生的一场演讲后，邀请他在市里为自己的政党做巡回演说。要是这位政治家知道，正是这个人，仅在一年前因为怯场而说不出话，而在羞愧和慌乱中离开宴会，那么，他会是何等的惊讶呀！

面对公众讲话时获得自信和勇气，以及沉着、清晰思考的能力并不及绝大多数人想象的十分之一难。它并不是上帝赐予极少数有天赋的人的礼物，而是像打高尔夫球，只要每个人有足够的愿望，他就能培养自己的这种才能。

站着面对听众时，不能像坐着那样很好地思考是最主要的原因吗？当然，你并不这样认为。

事实上，面对着听众，你应该思考得更好。在场的听众应该能刺激你，提升你的思维能力。许多演说家都认为在场的听众是激励和灵感，他们将会使演讲者头脑更清晰、更敏捷。在这个时候，正如亨利·沃德·比彻所说的，演讲者还未意识到自己拥有的想法。事实上，观点正如"云烟般飘来"，他们只需随手抓来就行了。那应该成为你的经历。而如果你不断练习并持之以恒，这一切定会如愿以偿。

通过这些事例，我们绝对能够相信：培训和练习能够消除你的恐惧心理，并随之带给你自信和持久的勇气。

不要认为你的经历是不寻常的，即使是同代人中的佼佼者，在其演讲生涯的开端，也同样被恐惧与紧张折磨过。

威廉·詹宁斯·布赖恩是一名曾受过战争创伤的老兵，他曾坦言，他第一次演讲时两膝颤抖。

马克·吐温第一次站着演讲时,感到他的嘴里就像塞满了棉花,脉搏就像跟谁赛跑那样,快速地跳动着。

格兰特攻占了维克斯堡,率领当时世界上最伟大的军队取得了胜利。但是,当他准备做公众演讲时,他坦承自己就像一辆失控的汽车那样。

法国当时最有政治影响力的公众演说家,让·饶勒斯,在鼓起勇气做首次演讲之前,曾在国会里沉默地坐了整整一年。

劳合·乔治坦言:"我第一次做公众演讲时,真的是处于一种痛苦状态,毫无演讲感觉,事实上,我的舌头打成了结,在开始时,根本说不出一句话来。"

著名的英国人约翰·布莱特,在内战期间致力于国家统一和解放的事业。他在一所学校里面对着一群普通的百姓做首次演讲。在去演讲的途中,他非常害怕自己会失败。于是,他请求他的同伴在他因紧张而要打退堂鼓的时候为他鼓掌来激励自己。

据他的兄弟表示,伟大的爱尔兰领袖,查尔斯·斯图尔特·帕内尔在做头次演讲时非常紧张。他不断抓紧拳头,以致他的手指甲陷入肉里,手掌流出了血。

迪斯雷利承认他第一次在国会讲话时,宁愿率领部队去冲锋陷阵。他的那次讲话可糟糕透了。谢里丹的演讲同样也是那样。

事实上,英国许多著名的演说家在首次演讲时都是不成功的。以至于现在在议会中有一种观点:一个年轻人首次演讲成功不是好的征兆。所以,你要振作起来。

在回顾众多演讲者的成长经历后,每当看到学员在最初演讲时紧张、焦虑不安,我总是感到很高兴。

即使是在只有十几二十人的商业性会议上做演讲,也应做到:时而紧张,时而震惊,时而兴奋。演讲者应像一批训练有素的良马纵横驰骋。两千年来永垂不朽的西塞罗说过,所有的伟大演讲者都有优点,就是以紧张为特色。

演讲者即使面对着无线电话也会有同样的经历,这被称为"麦克风恐惧症"。当查理·卓别林通过无线电演说时,他叫人把他的发言全部记下来。当然,他已习惯面对着公众演讲了。一九一二年,他故地重游,写了一部歌舞剧《音乐厅之夜》。在这之前,他在英国已获得了一定的地位。然而当他进入工作室面对着麦克风时就有一种感觉,犹如自己在二月份的一个暴风雨天气里穿越大西洋。

著名的电影演员兼导演詹姆斯·凯特伍德也有过类似的经历。他曾经是演说舞台上的一颗明星,但是,当他通过麦克风发表完演讲,从工作室出来时浑身是汗。他坦言:"即使在百老汇当众演讲也不会让我变成这个样子。"

无论他们是否经常做演讲,有一些人在演讲开头都会很紧张。但过了一会儿,这种紧张就会消失,他们就会恢复自我。

即使是林肯也会在演讲最初的时候感到局促不安。他的法律合伙人赫恩登描述说:"在开始时,林肯总感到手足无措,让自己去适应周围的环境好像是一件很棘手的事情。他力图去改变这种过分的胆怯和不安,但往往会适得其反。每当这个时候,我都会很同情他。当他开始演讲时,他的声音颤抖、刺耳,令人不悦。他的举止、神态,他的暗无光泽且皱的脸,他的古怪的姿势以及拘谨的动作——所有这一切都好像对他不利,但这种情况只是持续了一小段时间。"

过了不久,林肯变得泰然自若,他充满了热忱与激情,他的真正演讲才拉开序幕。

你的演讲经历也许跟林肯的类似。

1. 要有强烈且持之以恒的愿望

> 没有什么技能能像演讲那样让人迅速地开创事业，获得认可。
>
> ——美国国会参议员 昌西·M.迪普

这一点比你想象的要重要得多。如果你的指导员能够深入你的内心世界并确定你的愿望强度，那么，他几乎能确切地预测你的进步速度。如果你的愿望并不强烈，那么你的进步将不会有什么起色；但如果你持之以恒地追求你的目标，就像追逐一只猫的牛头犬那样，世界上就再没有任何东西能阻碍你。

因此，要让这种自学激发你的热情，搞清楚演讲带来的益处，你应该想到在公众面前能更有自信、更有说服力地讲话对你意味着什么——是金钱，是社交，是朋友，是个人影响力。而且，演讲能赋予你领导地位，这比你能够想得到的其他活动会更有效。

昌西·M.迪普宣称："没有什么技能能像演讲那样让人迅速地开创事业，获得认可。"

菲利普·D.阿默尔在拥有百万家产后说："与其成为一个伟大的资本家，还不如成为一名出色的演讲者。"

每一位受教育者都想获得演讲的才能。在安德鲁·卡内基去世后，人们在他的著作里发现了他三十二岁时为自己制定的一份人生计划。那时，他认为两年后他的生意每年将获利五万美金。所以，他决定三十五岁退休后，去哈佛大学接受完整的教育，然后"专心研究公众演讲"。

憧憬着演讲所带来多姿多彩的满足与快乐，我周游了整个世界，并获得了各种各样的经历。但是要获得彻底而永恒的满足感，没有任何事能与在公众面前演讲，让公众跟着你一起思考相媲美。它会带给你力量，带给你动力，它会让你成为人上之人，这其中蕴含着魔力与永不磨灭的激动。一位演讲家坦承道："在我演讲开始前两分钟，我宁愿被鞭打也不愿开始。但在我结束前两分钟，只有遭枪击才会让我闭口。"

在前进的每一步征途中，一些人灰心丧气，半途而废。所以，在愿望还没有最终实现之前，你应该经常思考一下这门技能对你来说意味着什么。你要自始至终保持旺盛的热情，直至达到成功的彼岸。所以每个星期你都要抽一个晚上读一下这些章节。简而言之，尽量轻装上阵，决不轻言放弃。

当凯撒率领着军队渡过海峡，在现在的英格兰登陆时，你知道他是怎样确保他的军队胜利吗？他做了一件非常聪明的事情：他命令军队在多佛港口的悬崖边上站着，看着足下两百英尺处的海浪，以及他们用来渡海峡的船只被熊熊烈火烧掉。在敌人的国度里，随着连接陆地的最后一个链环的消失，随着最后一个撤退工具的被烧，他们只有一件事可做——前进和胜利。而这正是他们所做到的。

这就是永恒不朽的凯撒精神，那么，在这场消灭愚昧的公众恐惧症的斗争中，为什么不让这种精神为你所拥有呢？

2. 完全清楚自己要说什么

> 在做公众演讲前找一些事情来做，有利于消除局促不安。
> ——戴尔·卡耐基

当一个人面对听众时，除非他很清楚并计划好自己将要讲什么，否则他会感到很不舒适。这正如盲人给瞎子领路一样。在这种情况下，演讲者会非常紧张，懊悔不已，并为自己的疏忽大意而感到羞愧。

泰迪·罗斯福[1]在自传里写道："一八八一年秋天，我被送进了议会，并成为这个群体里最年轻的一员。像其他年轻而没有经验的成员一样，我在发表讲话时遇到了极大的困难。一位乡村老者的忠告使我获益匪浅。他像忠告惠灵顿公爵以及其他人那样，对我说：'当你感到有话要说，并知道要说什么时才站起来，说完了，再坐下来。'"

这位精明的乡村老者还告诉罗斯福另一种消除紧张的方法：在做公众演讲前找一些事情来做，有利于消除局促不安——比如你向公众展示一些东西，或在黑板上写个字，或在地图上指出个地方，或搬动一下桌子，或打开窗户，或移动一下书籍和文件——所有这些带有一定目的的肢体动作都会让你感到更轻松。

确实，找出一些理由去做某些事情很不容易。但这只是个建议，你要视情况而定。但应限制在最初几次。这正如一个孩子一旦学会了走路就不用再扶椅子一样。

---

[1] 泰迪是西奥多·罗斯福的昵称。

3. 让行动充满自信

> 勇敢地去想,勇敢地去做,充分发挥我们的意志力坚持到底,那么,勇气就会代替恐惧。
>
> ——美国著名心理学家 威廉·詹姆斯

美国最著名的心理学家之一,威廉·詹姆斯教授曾这样写道:

行动看上去发生在感觉之后。但事实上,二者是相伴而来的。通过控制行动——行动是更直接在意识的控制下,我们可以间接控制感觉——感觉不是在意志的直接控制下。

因此,当我们本身不快乐时,重新获得快乐的最有效途径就是挺直腰杆,装作快乐地去做事和说话。如果这种行为都不能让你快乐起来,那么在这种情形下,没有什么能让你快乐了。

所以,勇敢地去想,勇敢地去做,充分发挥我们的意志力坚持到底,那么,勇气就会代替恐惧。

根据威廉·詹姆斯教授的观点,当你面对着公众时,你应通过自信鼓起勇气。当然如果你对演讲不做精心准备,那么任何技巧也无济于事。但是，如果你对要讲的东西已胸有成竹了，那么你就轻松地走出来，并深呼吸一下。事实上，在演讲前你做半分钟的深呼吸所增加的氧气能令你振奋，并予以你勇气。伟大的男高音琼·罗斯柯曾说过，深呼吸可以抑制并消除紧张情绪。

无论何时何地，人们总是崇尚勇敢。所以，无论你的内心世界受到何种重创，你都要勇敢地大步向前，坚强地伫立在人们面前，并表现出你的热爱之情。

你要挺直腰杆，直视你的听众，自信地发表讲话，就如他们是你的债务人一样。要想象着他们欠你的钱，他们聚集在这里请求宽限还钱的期限。这样的心理将会有利于你的演讲。

一定不要不安地解开、扣上你的纽扣，不要玩弄你的装饰物，不要乱摸东西。如果你一定要做不安的动作，可以把手放在身后捻着手指或扭动着脚趾头，以至于听众看不到你的动作。

一般来说，演讲者不应该置身于摆设之后，那是不好的。但最初几次，你可以站在桌子或椅子后面，紧紧地抓住它们，也许这会给你带来一点点勇气。或许你也可以紧握一枚硬币在手上。

罗斯福是怎样培养勇气和自立能力呢？他的冒险和无畏的精神是与生俱来的吗？根本不是。他在自传里承认道："我本来是一个体弱多病、行动笨拙的男孩。作为一个年轻人，在初次演讲时我非常紧张，并怀疑自己的能力。因此，我不断锤炼自己，不但在身体方面，还在精神方面。"

值得庆幸的是，他告诉了我他是如何获得这种转变的。他写道："当我还是一个孩子的时候，我读了马里亚特的一篇文章。这篇文章深深地烙在了我的心里。这篇文章叙述了一个英国军舰长向文章中的主人公解释如何获得无畏品质。他说，几乎每个人在行动开始时都会很害怕，但随后的行动要求他们控制着自己，并表现出无畏精神。当这种情况持续一段时间后，故作的无畏就会变成真正的无畏，而他们在不知不觉中不再紧张了（我这里没有用马里亚特的原话，这是我自己的话）。这就是我信守的理论方法。对许多东西，从面对灰熊、烈马到持枪歹徒，我在开始的时候都很害怕。但通过无畏的训练，我慢慢地消除了恐惧心理。如果人们选择了这种方法，他们同样也会像我这样的。"

要是你愿意的话，你也可以有同样的经历。马绍尔·菲克说过："在战争中，最好的防守就是进攻。"所以，要对你的恐惧发起进攻。在各种情况下，以无畏的精神去发现它，攻击它，并战胜它。

现在，假设你拿到一个消息，然后把自己想象成为一个西部联盟的男孩，你要传递这个消息。我们都漫不经心地看着你。而这个消息正是我们想要的。对于这个消息，你要全身心投入进去。它就像你的手背，你要充分地相信它。然后，你决定把它宣告出来。这样，你就会非常快地驾驭这种场合，驾驭你自己。

4. 练习！练习！再练习！

> 如果演讲者在每次锻炼后都能吸收有益的东西，那么，他将变得日益强大。
>
> ——美国总统　西奥多·罗斯福

最后一点是我们要强调的最重要的一点。即使你忘记了你之前读的所有东西，但你一定要记住这一点：练习！练习！再练习！这是其他方法的必要条件，"没有它，什么都不用谈"。

罗斯福告诫说："任何初学演讲的人，最容易犯'狂热症'。'狂热症'是指一种强烈的精神兴奋。它与羞怯截然不同。当演讲者初次面对众多听众，或初次看到同性对手，或初次与别人吵架时，都会很容易犯这种情绪。这种演讲者所需要的不是勇气，而是控制情绪，保持清醒的头脑。而要获得这些，就应该进行实际操练。他必须习惯性地、反复地进行自控练习，以完全控制自己的情绪。对反复努力和意志锻炼而言，这实际上是一种习惯。如果演讲者在每次锻炼后都能吸收有益的东西，那么，他将变得日益强大。"

你想消除面对公众时的恐惧心理吗？那么先让我们弄弄清楚导致这种心理的原因吧。

罗宾逊教授在《思想的来源》一文中写道："恐惧是由于无知和不

确定引起的。"换句话：那是缺乏自信的后果。

那么是什么导致这种情况的发生呢？这是因为你不知道自己实际上能做些什么。而不知道自己能做什么，是因为缺乏一定的经验。当你取得了成功的经验后，这种恐惧将会消失得无影无踪。这正如阴霾的天气里出现七月的太阳一样。

有一点能肯定的是：学习游泳的方法就是亲自下水。现在你已读了这本书很久，为什么不放下它去开始做实际工作呢？

现在，你应选一个你喜欢且熟悉的主题进行三分钟演讲，然后反复练习。如果可以的话，面对一群想听你演讲的人，或是在你的朋友面前，竭尽你的所能去展示你的才华。

小结

一、数千名学生写信告诉我,为什么他们会报名参加公众演讲训练课程,以及他们想从中学到什么。他们的目的几乎都是:他们想战胜紧张情绪,能泰然自若,自信、从容地在公众面前做演讲。

二、要想获得这样的能力并不难。它并不是上帝赐予极少数有天赋的人的礼物,而是像打高尔夫球,只要每一个人有强烈的愿望,那么,他就能拥有这种才能。

三、许多有经验的演讲者面对一群听众时会比跟个别人讲话思考得更好,说得更精彩。众多的听众能给你激励与灵感。如果你确实按照这本书的建议去做,那么这也将成为你的经验,你也会很高兴地盼望着做一次演讲。

四、不要认为你的经历是不寻常的。即使是著名的演讲者,在演讲生涯的开端,他们同样也被恐惧与紧张折磨过。布赖恩、让·饶勒斯、劳合·乔治、约翰·布莱特、查尔斯·斯图尔特·帕内尔、迪斯雷利、谢里丹等著名演说家都有如此经历。

五、无论你演讲了多少次,在演讲的开头,你总会感到紧张。但过了一会儿,你就会泰然自若,紧张感会完全消失。

六、要想迅速地掌握演讲技能,以下四方面是很重要的:

1. 要有强烈且持之以恒的愿望。要搞清楚演讲能带来的好处,激发你的热情，想想它意味着金钱、社交、朋友、影响力以及领导地位。要记得你的进步多少取决于你的热情程度。

2．充分的准备。如果你不知道自己要说什么，你是不会感到舒服的。

3．自信地行动。威廉·詹姆斯教授说过："勇敢地去想，勇敢地去做，充分发挥我们的意志力坚持到底，那么，勇气就会代替恐惧。"罗斯福坦承道，他克服对灰熊、烈马、持枪歹徒的恐惧都是用这种方法。你可以效仿，用这种心理来战胜对听众的恐惧感。

4．反复练习。这是最重要的一点。恐惧是由于缺乏自信，而缺乏自信是由于不清楚自己可以做什么，而这是由于缺乏经验造成的。所以，当你取得成功的经验后，这种恐惧就会消失得无影无踪。

第二篇
自信来自充分的准备

如果你必须用笔记,应用醒目的字体把它们简要地记在一张宽格纸上,然后,提前到场,把笔记藏在桌子上的书下面。当你需要的时候,偷偷地看一眼,但一定要掩人耳目方可。

不要让你的演讲陷入空洞的说教,否则会乏味无趣。让你的演讲变成一个层次鲜明的蛋糕,既有生动的例子,又有理论的总结。

> 许多人都想参加演讲培训,其最基本的目的在于他们想获得自信、勇气和自立。
>
> ——戴尔·卡耐基

自从一九一二年以来,每年我都要听大约六千场演讲,并对之做出评论。这不但已成为我的职业责任,同样也成为了我的快乐。这些演讲不是由大学生所做,而是由成年的商人和一些专业人士所做。如果说这些演讲给我留下了不同寻常的印记,那么这就是:演讲前的精心准备,演讲内容的清晰、明确,演讲的震撼力以及透彻性是十分必要的。你会感到演说家在与你进行心与心的交流,而这正是演讲的主要奥妙所在。

当一个演说者的身心沉浸在那种境界时,他将会发现一个重要的事实:那就是演讲的成功。这样,演讲不再是一种束缚,而变得容易;它也不再是负担,而变得轻松。一次精心准备的演讲就等于成功了十分之九。

正如第一篇所说的,许多人都想参加演讲培训,其最基本的目的在于他们想获得自信、勇气和自立。但是,许多人犯的一个致命错误就是他们忽视了演讲的准备工作。这正如在战场上,如果军队带着被打湿了的火药、空的炮弹壳作战，甚至一点弹药都没有，他们如何克服对步兵、骑兵的恐惧与紧张呢？在毫无准备的情况下，即使是一点点的疑问，当被置于公众面前时，局面也会变得异常被动。林肯在白宫里曾说过："我相信，当我感到无话可说时，我会感到非常尴尬。"

如果你想拥有自信，就应为准备做一些必要的事情。耶稣的门徒约翰写过这样的话："完美的爱可以赶走恐惧。"那么同样，完美的准备也可以消除紧张。韦伯说过，如果他不精心准备演讲，他就会觉得像在公众面前衣冠不整，变得非常局促不安。

所以，为什么我们不更认真地准备自己的演讲呢？为什么？有人说自己不清楚准备工作是怎么一回事，也不知道如何去准备，而其他人则埋怨没时间准备。对于这些问题，我们在这一篇里将做充分的讨论。

1. 演讲准备的正确途径

在演讲中,你要更多地展示你自己的东西。

——戴尔·卡耐基

准备,究竟是怎么一回事呢?是阅读一下书籍吗?这只是其中的一种方法,但并不是最佳方法。阅读对演讲可能有帮助。但如果演讲者力图把"成品"从书中搬出来为己所有,并迅速表达出来,那么,整个演讲就会显得很空洞。听众虽不能明确地指出缺少什么,但他们不会给演讲者报以热烈的反响。

下面举例来说:不久前,我为纽约市银行的高级官员讲授公共演讲的课程。自然地,这一群学员的时间都安排得非常紧张,所以他们很难有时间做精心的准备,或如自己所构想的那样去准备。在生活中,他们以自己的方式思考着问题,形成自己的判断,从自己独特的视角以及生活的阅历来看待事物。因此,在这样的方式中,他们四十年如一日地积累着演讲的材料。但他们却很难意识到这一点,往往是一叶障目。

这群学员在周五晚上的五点到十点进行培训。有一次,我们指定一位城镇银行的绅士杰克逊先生做一次发言。他四点三十分就到了,他会带来什么样的演讲呢?走出办公室,他到报刊店买了一本《福布斯杂志》,然后再去联邦储备银行培训点的地铁上阅读了一篇叫作《你只有十年时间取得成功》的文章，对这篇文章，他并不感兴趣，但为了应付这次演讲，他选择了这篇文章来读。

一个小时后，他上台发言，力图把这篇文章令人信服且饶有兴趣地表述出来。

那么，演讲的结果，或者说注定的结果会是怎么样呢？

他并没有消化和吸收演讲的内容，只是试图去复述原文罢了。在演讲中，他并没有自己的东西，他的言行已使这一切暴露无遗了。因此，他又怎能幻想去震撼听众呢？他不断地提到这篇文章，提到作者的观点如何如何，使得这次演讲成为了《福布斯杂志》的，而不是杰克逊先生本人的。

对此，我发表了一些看法："杰克逊先生，我们对文章的幕后作者并不感兴趣，他不在我们身边。我们也无缘认识。但我们对你本人以及你的观点却饶有兴趣。请告诉我们你的个人想法，而不要人云亦云。在演讲中，你要更多地展示你自己的东西。建议你下周再次以此为题发言。对这篇文章反复阅读，问问自己是否同意文章的观点。如果你同意，你要用自己的经历来证明。如果你不同意，告诉大家并讲出理由。但愿这篇文章成为你自己演讲的开端。"

杰克逊接受了这一建议，重新阅读这篇文章，而且发现自己根本不同意作者的观点。他不再坐在地铁上敷衍了事，而是精心地准备起来。开始时，他的头脑就如孩子般单纯，但如今，就如孩子们的身体一样，不断成长发育，在不知不觉中，好像孩子突然长大了似的，令他大吃一惊。当他读报纸的时候，某个想法会突然闪现出来；当他与朋友讨论问题的时候，某个事例会不期而至。在这神奇的一周里，随着他的不断思索，那主题不断深化、提升、扩展和丰富。

当杰克逊先生再次以这一主题做演讲时，他有了自己的真知灼见，正如拥有了自己的矿藏和财富一样。他演讲得比上次好多了，因为他与作者的观点大相径庭。在他的演讲中，并没有听众有丝毫反驳。

同一个人，在两周之内，关于同一个主题所做的两次演讲，却产生了截然不同的效果，多么不可思议啊！而这恰是精心准备的效果啊！

现在，让我们再引用一个例子来理解一下准备与否所带来的不同效果吧。有这样一位男士，我们称他为弗兰先生。他曾经是华盛顿公众演讲班的学员。一天下午，他要做赞美首都的演讲。在演讲前，他只是匆忙而未加思考地从一家报社发行的压缩本小册子上搜集了一些事实和材料。这些事实干涩、毫无逻辑、生硬无比。而他对演讲的主题也缺乏充分的准备，因此难以调动自己的情绪。他并不感到自己的演讲有任何的意义。因此，整个演讲过程都是平淡乏味的，又不奏效。

两个星期后，发生了一些事情，使弗兰深受触动：他的车子在公共停车场里被窃了。他马上冲到警察局，并许诺破案后的酬劳，但这一切都是徒劳的。警察承认说，对他们而言，处理这样的犯罪事件是不可能的。但是，仅在一星期前，这些人却手里拿着记录笔在街上闲逛，还因弗兰先生停车超时十五分钟而给了他一张罚单。这些整日繁忙而无暇抓捕罪犯的"记录警察"激怒了弗兰先生。他开始愤愤不平起来，他觉得自己有话要说，这些话不再源于报社的小册子，而是从他活生生的生活经历中滚烫地流出来。这是一个人真实生活的一部分，它唤起了弗兰先生的感情和信念。在对华盛顿做赞美演讲中，他的言语并不顺畅。但现在，对警察的不满，他可以直抒胸臆，喷涌而出，就像处于活跃期的维苏威火山一样。这样的演讲几乎很少出差错或失败，因为它是生活经历和感悟的结合。

2. 演讲准备究竟是什么

> 准备就是指思考、回忆、选择对你最有吸引力的东西，并对其进行润色、加工，让它们浑然一体，成为你自己的完美工艺。
>
> ——戴尔·卡耐基

演讲准备就是指把一些完美的辞藻连缀成篇并背诵下来吗？回答是否定的。那么，它是指把偶发的、对你无多大意义的思想汇集起来吗？当然也不是。演讲准备是指一种结合，是你的思想、你的观点、你的信念以及你的冲动的结合。在日常生活中，你有这些思想、这些冲动。它们甚至在你的梦境中蜂拥而至。你的整个人生都充满了感情和经历。这就好像海岸上沉睡的鹅卵石，它们深深地沉睡在你的潜意识里。准备就是指思考、回忆、选择对你最有吸引力的东西，并对其进行润色、加工，让它们浑然一体，成为你自己的完美工艺。这乍听起来好像是一件很难的事情，其实并不然。它只需你片刻的聚精会神即可做到。

德怀特·莱曼·穆迪的演讲在做了精心准备后，创造了精神的诗篇。那他是如何准备的呢？他说："这并没有任何奥妙。"

当我选择了一个主题后,我就会把它写在一个大信封外面。我有许多这样的大信封。当我在读书看报时,如果看到了对演讲主题有用的东西,我就会把它塞进相应的大信封里。同时,我随身带着一个笔记本,当我在听布道的时候听到有启发性的言语,我就会把它们记录下来,也塞进信封里。也许,它们会待在信封里一年或更长时间,但当我要演讲时,我会充分利用这些平时积累的材料。通过这些积累以及自己的研究,我会有充足的材料去做演讲。于是,我任何时候都查阅我的演讲材料,并对之适当进行取舍、补充。那么,它们永远都不会过时。

3. 布朗博士的睿智建议

> 记下属于你自己的个人思想。它们是你内心世界的真实写照,比宝石、黄金还珍贵。把它们记在你手头的纸片上、旧信纸背面……
>
> ——美国著名教育家 查尔斯·雷诺兹·布朗

在耶鲁大学神学系庆祝建系一百周年时,系主任查尔斯·雷诺兹·布朗博士发表了一系列关于布道艺术的演讲,纽约麦克米伦公司已把这些演讲编纂成书,并冠名以《布道的艺术》出版了。三十余年来,布朗博士始终如一地为自己的每周演讲做精心的准备,同时,他还对学员的演讲及准备做培训。因此,关于如何进行演讲的准备,他的工作会带给我们睿智的建议。无论是对第九十一首赞美诗发表演讲的衣着得体的男士,还是一个准备对工会发表演说的制鞋工人,这些建议都是很有裨益的。因此,在这里,我十分冒昧地引述布朗博士的话:

> 仔细思考你演讲的主题和内容,对它们精益求精,使其富有感染力。当你突破文章这一局限的小天地而踏入广阔的生活乐园时,你将会拥有无穷的珍贵思想……
>
> 如果在星期六上午你为明天的演讲做最后准备之前,这

种精益求精的过程仍然继续，那么演讲会取得更好的效果。如果一位牧师在传授某种真知之前，有一个月、半年甚至一年时间在深思熟虑，无论是走在路上，还是坐在火车里感到疲惫不堪而不想看书时，他都会发现许多新观点之花在不断绽放。

的确，牧师可能冥思苦想到深夜。对牧师来说，不使教堂工作和布道工作影响就寝是一个好习惯——讲坛是布道的好场所，但并不是休息的好地方。然而，尽管如此，有的时候为了不遗忘那些不期而至的想法，我不得不深夜披衣而起……

当你为特殊的布道专心致志地搜集材料时，记住把你想到的有关的一切，你第一眼读到的一切以及与此相关的思想全部记录下来。

用寥寥数语勾勒出你的思想，并用你的思维不断丰富它，使之成为一本动态发展的书。这是一种训练思维的方法。通过这种方法，你的大脑会变得活跃，既有本色又有创造性……

记下属于你自己的个人思想。它们是你内心世界的真实写照，比宝石、黄金还珍贵。把它们记在你手头的纸片上、旧信纸背面、破旧的信封上、废纸上等。这比用漂亮、干净的大页写字纸要好得多。这并不是什么节约的问题，而是因为在整理材料的时候，使用前者会比后者更容易得多。

坚持把你自己的观点记下来，并对其加以思考。在这过程中，你不要急于求成。这是你思维发展的最重要一环，它可以使你的思想得以成长……

你会发现，无论是你最喜欢的，还是实际上对人们的生活最有意义的布道，都主要来源于你的内心世界。它们与你骨肉相连，是你精神劳作的果实，是你创造力的产物。而那些断章取义或刻意编纂的布道总难免有虚假、抄袭的烙印。有些布道富有生命力，历经沧桑，赞美着上帝，最终进入了神殿庙宇；有些布道深入人的心灵，使人们像长了天使的翅膀，在充满责任的道路上前进，永不后退。这些真正意义的布道都是从人们的生命激情中孕育而生的。

4. 林肯是如何准备演讲的

> 在对演讲的不断思索过程中,林肯总不时地匆匆记下一些文字、片段、句子。而这些东西往往会被写在零散的信封上、纸片上或从纸袋撕下的纸条上。
>
> ——戴尔·卡耐基

林肯是如何准备他的演讲的呢？非常庆幸地,我们了解了这一答案。当你阅读林肯的方法时,你可能会发现,在布朗博士的发言中提到了四分之三个世纪前林肯所使用过的几个程序和步骤。林肯在一次著名的演讲中,卓有远见地宣称道:"如果房子遭到分割,它将会坍塌。我相信,这个政府不会再长久忍受半奴隶、半自由的制度了。"林肯的这个演讲,是在他日常工作、生活中得出来的。当吃饭的时候,走在街上的时候,坐在谷仓里挤牛奶的时候,甚至每天去肉店和杂货店的时候,他都在思考着。他披着陈旧的围巾,挽着菜篮子,身旁是他的小儿子在喋喋不休地发问——他越来越气恼,不停地徒劳地扯动着父亲瘦骨嶙峋的手指头,希望他对自己讲话。但是,林肯大踏步向前走,沉浸在思索中,考虑着他的演讲,好像忘记了自己孩子的存在似的。

在对演讲的不断思索过程中,林肯总不时地匆匆记下一些文字、片段、句子。而这些东西往往会被写在零散的信封上、纸片上或从纸袋撕下的纸条上。总之，任何随手可写的东西都有。他会把这些记录塞进帽子里，随身携带。最后，他把这些材料按逻辑顺序整理，加以修改，直至定稿交付演讲和出版。

在一八五八年公共讨论会上，参议员道格拉斯每到一处都发表同样的演讲；林肯却不停地研究、思考、反省，从而让演讲更易被理解。他说他宁愿每天做新的演讲也不愿重复旧的。因此，他的主题日益开阔。

就在搬进白宫前不久，林肯仅复印了一份宪法和三份演说词做参考，然后把自己锁在斯普林菲尔德的一个商店楼上的一间黑暗肮脏的房子里，远离外人的打扰，写出了自己的就职演说词。

那么，林肯是怎样准备葛底斯堡的演说的呢？不幸的是，对此虚假的报道已是铺天盖地，但真正的事实却极富吸引力。现在，让我们共享一下这段故事：

当葛底斯堡公墓管理委员会决定组织一次庄重的献辞时，他们邀请了爱德华·埃弗里特担当此大任。他曾是波士顿的一位牧师，哈佛大学的校长，马萨诸塞州的州长，美利坚的参议员，驻英国的大使，同时也是国务卿，人们公认他为美国最出色的演说家。这次演讲最初定在一八六三年十月二十三日。但埃弗里特却十分明智地指出在这么短的时间内是不可能准备得很充分的。因此，为了给予充足的准备时间，献辞演讲向后推迟了近一个月，定在十一月十九日。在准备期的最后三天，埃弗里特到了葛底斯堡，重温那儿的战场，熟悉那儿曾发生的一切。这几天的深思是最完美的，使他身临其境。

出席现场的邀请函发到每个国会议员的手上，林肯及其内阁也收到了邀请。许多被邀请的人都婉言谢绝了，但令组织委员们出乎意料的是，林肯同意参加。那么他们应该邀请林肯演讲吗？可他们本没有这样的打算。于是，反对意见出现了。他们认为林肯没有时间去准备；而且，即使他有时间，他有这样的才能吗？的确，他在评论农奴制或在箍桶匠协会里发表演讲时能挥洒自如，但从没有人听过他发表致辞演讲。这是一次十分庄重严肃的活动，不能有任何闪失。那么，他们应该请他演讲吗？他们前思后想着……但是，他们可能更加百思不得其解：正是这个能力尚受质疑的平凡人，在那个场合，发表了一篇现已广为流传，历久不衰的演讲呢！

最终，在离献辞演讲前的两个星期，委员会发了迟来的邀请函，请林肯"为演讲做些适当评论"。对，他们的措辞的确是"做些适当的评论"。想一想，这可是写给美国总统的啊！

林肯立即开始了准备工作。他写信给爱德华·埃弗里特，拿到了他的演讲稿复本。一两天后，当他到摄影长廊里为自己拍照时，又利用闲暇时间拿出埃弗里特的手稿反复阅读。数天里，无论是往返于白宫和战争指挥室之间，还是仰躺在战争指挥室的沙发上等待最新的无线战报时，他都不停地思考着。渐渐地，演讲辞定型了。就在演讲的最后一个星期天，他告诉诺亚·布鲁克斯说："演讲稿还没有完全写好，还不够准确。其实我已重写了好几遍了，看来，我还得再琢磨琢磨，直至令人满意为止。"

　　就在献辞前一天晚上，林肯到了葛底斯堡，小镇早已人山人海。这儿原来的一千三百人口一下子猛增到一万五千人。街上拥挤不堪，人们只好站在肮脏的街道两旁。五六个乐队正奏着音乐，人们高声歌唱着《约翰·布朗之躯》这首歌。在林肯下榻的威尔家前面聚满了人。人们为他演奏小夜曲，请他讲几句话。林肯只清楚明白地说了寥寥数语，也许，他认为明天才是最佳的演讲时机。然而，事实上，在当天晚上剩下的时间里，他又把演说稿斟酌了一遍。他甚至又到邻近的秘书——塞沃德的房间里大声朗读以征求意见。第二天早餐过后，他又继续斟酌演讲稿，直到有敲门声提醒他该出席了。卡尔上校骑着马跟在林肯身后。他告诉我们说，当队伍开始前进的时候，总统先生笔直地骑在马背上，看上去就像军队的首席指挥官。但当队伍继续行进时，他的身体前倾着，胳膊松软地下垂着，头也低下，好像在沉思着。

我们姑且猜测一下，直到那时，他仍在推敲他的袖珍演讲——那是些流芳百世的句子。

　　林肯的一些演讲毫无疑问都是失败的。因为他对它们根本不怎么感兴趣。然而，当他讲到奴隶制和统一的时候，又有非凡的能量。究竟为什么呢？因为他对这些问题始终在不停地思索，而且感触很深。一天夜里，林肯与他的伙伴共居在伊利诺伊州的一家小旅馆的一个房间里。第二天黎明时分，林肯的伙伴醒来后发现林肯面对着墙坐在床上，开口第一句话说："这个政府不会再长久忍受半奴隶、半自由的制度了。"

基督耶稣是如何准备他的演讲的呢？他从红尘中走出来到了荒山野岭中，接下来的四十多个日日夜夜里，他殚精冥想。圣徒马太记载道："从那时起，耶稣开始了他的布道历程。"不久后，他做了世界上最著名的演讲之一——《山上宝训》。

也许你会不以为然："这都很有趣。但我并不打算成为一名流芳百世的演说家。我只是想应付一些简单的讲话而已。"

事实的确如此，而且我们完全理解你的需要。本书也是为你以及有类似要求的人而写的。但是，无论你的演讲水平如何，从过去的演讲者的演讲方法上你是会学到很多的。

5. 如何准备你的演讲

> 在做演讲准备时，应研究一下你的听众，想想他们的需要与希望。这决定着演讲的成功与否。
>
> ——戴尔·卡耐基

在练习中应选择什么主题呢？只要是你感兴趣的都可以。但千万不要在简短的讲话中涵盖太多的话题，以免犯下许多演讲的通病。针对一个主题，选择一两个角度去阐述，并尽力使其充分、具体。要是你能在简短的讲话中做到这一点，你已是很成功了。

你要预先确定主题，那么你就可以在闲暇中对其思考。无论是在白天还是黑夜，无论是下班还是第二天早晨刮脸的时候，无论是洗澡还是骑车到镇上时，无论是等电梯还是等午饭时，无论是候邀还是熨衣服或准备晚饭时，你都可以对演讲进行思考。即使是跟朋友聊天时，也可以把它当作你们的一个话题。

尽可能自己问自己一下有关主题的任何问题。例如，假设你要谈论离婚这一话题，那么，你可以问一下自己：是什么原因导致离婚？它们对经济、社会有什么影响？这问题如何解决？我们需要制定统一的离婚法规吗？为什么？或者制定非统一的离婚法规？应禁止离婚？离婚规定应更加严格些，还是更宽松呢？

再假设一下你要谈谈为什么要学习演讲。你要问一下自己：我演讲有什么困难？我想通过演讲得到什么？我曾经做过公众演讲吗？如果有，是何时何地？当时情况如何？为什么我会认为演讲培训对一个商人有重大意义？我认识一些既有自信，又有令人信服的演讲能力和演讲风度，且在商业或政途上大有作为的人吗？我又认识一些缺乏这些能力，因而可能永远不能获得成功的人吗？值得一提的是，谈及这些人时，不要使用他们的真实姓名。

在最初的几次演讲中，如果你能够保持两三分钟的思维清晰、言辞流畅，那么已是很难能可贵了。像"你为什么学习演讲"这样的话题应该是非常容易的了。因为这都是显而易见的。要是你能花费一些时间整理一下相关的材料，你就可以轻而易举地把它背诵下来。因为你是根据自己的观察、自己的愿望以及自己的经历来做演讲的。

另外，假设你决定谈论一下自己的工作。你如何去做准备呢？其实，你已占有了翔实的材料，你的任务主要是筛选和组织它们。不要妄想在三分钟时间内面面俱到，那是极不现实的。否则讲话会变得笼统、形式化。你应挑选一两个方面拓展它、深化它。例如，你可以谈谈：你是怎样选择你的工作的？是偶然的呢还是经过深思熟虑的呢？你可以联系一下你早期的奋斗、挫折、希望和胜利，为我们做一次非常感性的描述，展示真实的人生经历画卷。其实，每个人的人生故事中都蕴含着真理，如果用朴素的语言娓娓道来，是能够令人受益良多的。这也是让你在演讲中稳操胜券的好材料。

对你的工作话题还可以换另一个角度来谈：工作中有哪些困难？对后辈们你有何告诫？或者，你可以谈谈你接触的人，无论是诚实的，还是不诚实的。谈一下你遇到的问题，还有关于人性这一世界上最令人感兴趣的问题。你的工作使你有什么看法？如果你谈一些技术的问题或事务，那么你的讲话就会变得枯燥无味。这与谈论人性恰恰相反，人性问题是一个在演讲中不容易出错的好材料。

总而言之，不要让你的演讲陷入空洞的说教，否则会乏味无趣。要让你的演讲变成一个层次鲜明的蛋糕，既有生动的例子，又有理论的总结。想一想一些你所观察到的具体事例，同时也要体会一下其中蕴含的真理。这样，你会发现，事例比纯理论更容易记忆，更容易表达。同时，它们也会为你的演讲增添不少色彩。

以下是一名有趣的作者，名叫B.A.福布斯写的一篇关于决策者授予其助手权力的必要性的文章的其中一部分。请注意他采用的例证——人物介绍。

现在的许多大型公司，昔日都曾经采用个体商业的模式。但后来他们大多都改变了这一面貌。原因是，虽然许多公司仍保持原来个人极大的影响力，但随着工商业规模的扩大，即便是最能干的人，为了有效控制管理公司，他们也需要在周围团结一帮有才华的助手。

伍尔沃斯曾告诉我，几年前，他的公司基本上仍是个体商业模式，但这使他的健康受到了极大的损害。在住院期间，他深深地感悟到，如果要想扩大公司的规模，如自己所希望的那样，那么，他就得分配管理责任。

伯利恒钢铁公司数年里是家典型的个体商业企业。查尔斯·M.施瓦布承担着所有工作。渐渐地，尤金·G.格雷斯的生意发展起来，超过了施瓦布，成为出色的钢铁巨人，而后者还在原地踏步。

伊士曼柯达公司早期主要由乔治·伊士曼经营。但他非常明智,很早的时候就建立了极其有效的组织机制。芝加哥所有巨大的食品包装袋公司也有同样的经历。标准石油公司与其他企业观念不同,它从一开始就是一间大型企业,而没有经历过个体模式。

J.P.摩根是一个商业巨人,他非常乐于挑选有才能的人与他同舟共济。

但是,仍有许多雄心勃勃的企业者喜欢选择个体运营模式。可不管情愿与否,由于大范围的现代操作压力,他们还是不得不向他人授予权力和责任。

一些人在谈论自己的职业时,只是谈及自己感兴趣的方面,这种错误是不可姑息的。作为演讲者,一定要弄清楚,你要愉悦的是听众,而不是自己。例如,一个推销火灾保险的人,他就应向人们讲述如何来保住自己的财产。一个银行家就应给听众提出财产、投资方面的建议。如果是全国妇女组织的领导者,他就应该在地方演讲时引用典型的活动事例,借此来表明他们是全国运动的有机组成部分。

所以,在做演讲准备时,应研究一下你的听众,想想他们的需要与希望。这决定着演讲的成功与否。

在准备演讲时,适当读一些文章是有益的。这可以了解到其他人的想法,以及对相同的主题有何说法。但只有当你感到山穷水尽想不出时,方可这样去做。一定要记住,这一点是非常重要的。然后,你可以到公共图书馆,并向图书管理员表明你的来意,告诉他你要演讲的主题，并希望得到他的帮助。如果你未曾涉足研究工作，那么，对于他的帮助，你会大吃一惊。也许一本书与你的主题不谋而合，书中对于社会问题的正反两方面都有论据、论证；还有文学杂志的读者索引列出了二十世纪以来涉及到的各种主题文章；还有《娱乐新闻年鉴》《世界年鉴》《百科全书》等数种参考书籍，都是有用的工具，好好利用它们。

6. 储备信息的秘诀

> 你应尽可能占有更多材料，更多信息。这会让你信心百倍。
> ——戴尔·卡耐基

路德·伯班克在他即将逝世前曾说："为了找两枚好标本，我往往要找上百万枚，而不好的我就会把它们丢弃掉。"同样，演讲也需要占有丰富的思想，发扬万里挑一的精神，有取有舍。

你应尽可能占有更多材料，更多信息。这会让你信心百倍，对演讲内容触摸得更真切，并影响着你的思想、心理，以及演讲中的举止行为。这是演讲准备中一个基本且重要的方面。但是，无论在公众场合还是在私下场合，这一点往往会被演讲者所忽视。

阿瑟·邓恩介绍说：

> 我曾经训练过许多推销员、调查员以及示范者。我发现他们的弱点在于他们在销售前不了解他们的产品。而这一点则是很重要的。
>
> 许多推销员来到我办公室后就对其商品做一番描述，然后就迫不及待地想推售其商品。这些推销员中，许多人没能坚持一个星期就半途而废了，而更有甚者，只坚持了四十八

个小时。在培训推销员、调查员出售食品特制品时，我努力把他们造就成食品专家，强迫他们去学习美国农业部出版的食谱，其中介绍了食物中所含的水分、蛋白质、碳水化合物、脂肪、维生素等的比例；另外，我要他们研究他们所要销售产品的构成成分。接着，我要他们在学校学习数天，并要求通过相应的考试。而且，我要他们把商品出售给其他推销员。最后，对于最好的商务交易者，我给予他们奖励。

我发现一些推销员在最初一段时间容易失去耐性，所以他们需要对产品进行研究。他们曾辩解说："我没有时间向零售商解释说明产品的详细情况，因为他们太忙了。如果我大讲特讲蛋白质、碳水化合物，他们绝对不会听。即使他们听了，他也不懂我在说什么。"对此，我回答说："你并没有从顾客的角度去说明产品，而只是从你个人的自身利益出发。如果你对产品有彻底的了解，那么，你就会有一种妙不可言的感觉，你就会感到强大无比，无坚不摧。"

艾达·M.塔贝尔女士，是标准石油公司的一名著名历史学家，她告诉我说，数年前，她居住在巴黎时，《麦克卢尔杂志》的创办者，S.S.麦克卢尔先生致电邀请她写一篇关于大西洋电报公司的短文。于是，她赶去伦敦，访问了电报公司的欧洲区经理，并获得了充足的材料。但她并不满足，她想积累足够的事实材料。于是，她到了大英博物馆参观了解各式各样的电报。她阅读了大量关于电报历史的书，甚至跑到伦敦郊区的制造工厂，参观正在建设的电缆工程。

为什么她要收集数倍于可能使用的信息呢？因为她觉得这样做能

给她带来无形的力量,并能为她的短文增添不少气势和色彩。

　　埃德温·詹姆斯·卡特尔曾给三千万人做过演讲。但他向我吐露,要不是他在回家的路上精心挑选材料,那么,他的演讲生涯就会以失败而告终。为什么呢?因为长期的演讲经验让他懂得了成功的演讲是以充足的材料储备做底蕴的,而这些材料比演讲者所能用的要多很多。

小结

一、当一个演讲者心中有话要说，而且迫切想说时，那么他一定能充满自信地演讲。好的演讲准备标志着演讲已成功了一大半。

二、什么是演讲准备？只是记下一些机械性的句子？只是把辞藻背诵下来？根本不是。真正的演讲是你的思想、信念的汇集。（例子有：纽约的杰克逊先生在第一次演讲时只是力图复述《福布斯杂志》里的一篇文章，他的演讲失败了。后来，他再次讲这一主题，但以自己的观点、事例来论述，最终取得了成功。）

三、不要仅仅坐下用半个小时的时间去准备演讲。演讲不像煮牛排，一下就可以的，它必须经过慢慢地酝酿。尽早确定你的演讲主题，在闲暇时间去思索它，在睡觉时候思索它，与朋友聊天时提及它，并把它作为谈话主题。而且你要自己问自己一下关于演讲主题的任何问题，尽可能多地记下你的想法和相关事例。所有的观点、建议和事例都来自你平时的积累。就像林肯准备演讲的方法那样，你洗澡的时候，驾车到乡下的时候，候邀的时候都是你储备材料的时间。其实，这个方法是许多成功的演讲者都使用的方法。

四、经过你自己独立思考后，如果时间允许的话，你可以到图书馆阅读相关资料。告诉图书管理员你的需要，他会给你很大的帮助。

五、收集尽可能多的材料。就像路德·伯班克为了找到一两枚好的标本而要收集上百万枚那样,要发扬万里挑一的精神,有取有舍。

六、要提高储备能力,就要收集和知道尽可能多的信息。在演讲准备的时候,可以采用一下阿瑟·邓恩训练推销员推销食品的方法,以及艾达·M.塔贝尔准备写关于大西洋电报公司的短文的方法。

第三篇
著名的演说家如何准备演讲

一个优秀的演讲者在演讲结束后通常会有四个演讲版本：一个是他准备演讲时写的，一个是他演讲现场所做的，一个是报纸上刊登的，最后一个是他心中所希望的。

西奥多·罗斯福在准备演讲时有他自己独特的方法：他收集所有事实，并不断回味、评估、确定，最后得出确定无疑的结论。

> 演讲正如有目标的航海,需要依计划而行,不知身在何方的人,通常也会不知所措。
>
> ——戴尔·卡耐基

我曾出席纽约旋转俱乐部的一次午餐会。在午餐会上,主要由一位杰出的政府官员给我们做演讲。由于他身居显位,无形中赋予他很高的威望。于是,我们兴奋地期望着聆听他的发言。在这之前,他曾许诺说要告诉我们他自己部门的日常活动,而这正是纽约商界人士的兴趣所在。

他对自己的演讲主题早已了然于胸,但他并没有对演讲进行准备,并没有对材料加以选择并有序地排列。然而,凭着初生牛犊不怕虎之勇,他随意而盲目地开始了演讲。他并不清楚自己如何收场,只是信马由缰。

总之,他的头脑里只不过是一个大杂烩,他所带给我们的也不过是如此。正如吃饭时,他先来一道冰激凌,然后来一盆羹汤,接下来是鱼和坚果。其间,还有一盆汤、冰激凌、红鲱鱼掺杂在一起的混合物。在以前任何时候、任何地方,我从未见过这样令人迷惑不解的演讲者。

他本想做即席演讲,但是,现在却无能为力。于是,他只好从口袋里抽出一卷笔记本,并坦诚地说这是他的秘书为其整理的——这丝毫没有引起在座者的怀疑。很明显，这些笔记正如平板车里的碎铁片，杂乱无章。他慌乱地翻阅这些笔记，紧张地熟悉梳理其间的内在联系，好像力图在荒野外找到一条出路似的。他不断地道歉，请求工作人员添些水，手抖动着拿着杯子，说话语无伦次，重复再三。然后，又把头埋到了他的笔记本里……时间一分钟、一分钟地过去了，他越来越感到无助、迷茫和尴尬。紧张的汗水布满了他的前额。当他用手帕擦汗时，手帕也随之抖动起来。我们这些观众目睹了这场惨败，怜悯之心油然而生，同时也感到备受折磨，这是遭受别人尴尬的折磨。但是，演讲者毫不明智地固执下去，他继续挣扎着，不停地研究他的笔记，不断道歉，不断喝水。只有他自己丝毫没有感觉到现场早已迅速陷入了一种灾难性的境地。当他停止了垂死的挣扎，坐下来结束演讲后，我们都长舒一口气，备感轻松。在我经历的演讲中，这次演讲听众是最不幸的，而演讲者也是最丢脸的。他的发言正如卢梭形容写情书时的情景那样：不知从何说起，也不知所言何物。

这个故事给了我们启示，正如赫伯特·斯宾塞所说的："当一个人的知识处于无序状态时，他的知识越多，思想就会越迷惘。"

没有人不做设计就去建房子的，但是上面的演讲者却连最基本的提纲都不准备，又怎么不失败呢？

演讲正如有目标的航海，需要依计划而行，不知身在何方的人，通常也会不知所措。

拿破仑曾说过："战争艺术是一门科学，如果不预先精确计算和思考，就不会取得任何胜利。"我希望把这句话用火红的字体喷写出来，就放置在公共演讲课程学员所经过的门廊口上方一尺处。

这是战争的真谛，同样也是演讲的真谛。但是，演讲者意识到这一点了吗？即使他们意识到了，那么，他们能做到吗？很遗憾，他们大多都没能做到。许多演讲只是稍微计划一下或略加整理而已。

　　那么，怎样才能最好、最有效地整理你的思想呢？我们说没有调查就没有发言权。对每一个演讲者来说，这永远是个新问题。没有最终答案，演讲者需要不断地提出这一问题，回答这一问题。虽然没有绝对的理论，但是在某种程度上，我们可以结合具体的事例，简要地谈一下何谓有效的整理。

1. 获奖演讲是如何构思的

> 虽然这篇演讲构思很值得称道,但是,如果用平淡的语气、平静的举止去表达,它也会成为失败的演讲。
>
> ——戴尔·卡耐基

以下的这篇演讲是多年前在不动产委员会全国协会所做的。它在全国各城市参赛的二十七个演讲中独占鳌头。即使放在今天的众多演讲中,相信也会脱颖而出。这篇演讲构思精巧,事例鲜明充实,内容生动有趣,它包含丰富的思想,气势磅礴,非常值得去阅读和研究。

主席先生,朋友们:

一百四十四年前,我们伟大的美利坚合众国在我的故乡费城诞生了。自然地,这座具有如此历史意义的城市拥有了最强的美国精神,它不但使费城成为全国最大的工业中心,也使它成为世界上最大、最美的城市之一。

费城有近二百万人口,面积相当于密尔沃基、波士顿、巴黎和柏林的总和。在一百三十平方公里的土地上,我们开辟了八千英亩最好的地方建设成了美丽的公园、广场和林荫大道。因此,我们拥有了消遣、娱乐的最佳去处。而这一切都属于每一个神圣的美国公民。

朋友们，费城不但是一个美丽、清洁的大城市，它同样也是世界著名的"巨型世界车间"。之所以被称为"世界车间"，是因为我们有四十余万工人和九千二百家工厂，它们每十分钟就能生产价值十万美元的商品。据权威统计表明，费城的羊毛制品、皮制品、编制品、纺织品、毡帽、五金器皿、精密仪器、蓄电池、钢制船舶以及其他许多商品的产量均居全国首位。我们每两小时生产一辆有轨机车，全国有一半以上人口乘坐费城制造的有轨电车；我们每分钟生产一千支雪茄烟；去年，费城的一百一十五家袜子厂为全国每一个人生产了两双袜子；我们生产的地毯和毛毯比英格兰和爱尔兰的面积总和还要大；事实上，我们的工商业交易数目惊人，去年，银行的票据交换额达到了三百七十亿美元，这完全可以支付全国的自由债务总额。

但是，朋友们，当我们以自己的杰出工业成就而备感自豪的时候，我们也应该为费城这一全国最大的医学、艺术、教育中心而引以为豪。而且，更令我们自豪的是，费城的家庭教育在世界任何城市中都是首屈一指的。在费城，我们有三十九万七千个独立家庭。要是这些家庭每间隔二十五英尺排成一行，那么，它将会经过堪萨斯城的会议大厅，直至多佛，共计一千八百八十一英里。

但是，我想引起你们注意的是，所有这些房子都是属于我们城市里的工人的。他们拥有自己的财产，而且不受外来的社会主义和布尔什维主义的侵蚀。

费城不是一块欧洲无政府状态的沃土，因为我们的家园，我们的教育机构，我们的巨大工业都内含着真正的美国精神。

这种精神源发于我们这座城市，是先辈们的珍贵财富。费城是我们伟大祖国的母亲城，是美国自由精神的发祥地。这里是第一面美国国旗升起的地方，是第一届国会召开的地方，是《独立宣言》签署的地方。在这里，有最受美国人珍爱的遗物——自由之神，它唤醒了美国民众，让我们坚信我们的神圣使命不是崇尚那金黄的牛犊，而是去播撒美国精神，让自由之火燃烧；让我们带着上帝的旨意，使华盛顿、林肯和西奥多·罗斯福的政府成为整个人类的指路明灯。

下面让我们分析一下上面的演讲吧，看看作者是如何构思的，怎样达到它的效果的。首先，这篇文章首尾呼应，这是一个非常珍贵的优点——其珍贵程度可能远超过你的想象。它开篇之后径直奔向主题，毫无偏差，毫不浪费时间。

这篇演讲内容新颖、极富个性。演讲者以讲述自己的城市入手，指出费城是整个国家的诞生地，这与其他演讲者是不可能有雷同的。

演讲者声称费城是世界上最大、最漂亮的城市之一。但这只是泛泛而谈，庸俗陈旧，无法给人深刻的印象。然而，演讲者深知这一点，为了让听众有更形象的感官体验，演讲者特意把费城的大小描述为"等于密尔沃基、波士顿、巴黎和柏林的大小总和"。这就显得更确切、更具体了。这种表达妙趣横生，开创了先河，它远比列举通篇的数字更有说服力。

接着，演讲者宣称费城是"闻名于世的巨型世界车间"。这好像夸大其辞了，就像做宣传。如果他到此为止转入另一方面的话，那么，这真的是做宣传了。但是，他并没有跳到另一话题，而是列举了费城领先世界的产品，如"羊毛制品、皮制品、编制品、纺织品、毡帽、五金器皿、精密仪器、蓄电池、钢制船舶"。

现在,"世界车间"这个名字听起来还像是做宣传吗?

费城"每两小时生产一辆有轨机车,全国有一半以上人口乘坐费城制造的有轨电车"。

我不禁感到了惊讶:以前我根本不知如此,也许我昨天到城里所乘坐的有轨电车就是这里生产的,明天我要留意一下,搞清楚我们是在哪里买这些电车的。

"我们每分钟生产一千支雪茄烟……为全国每一个人生产了两双袜子。"

这令我们的印象更深刻了。也许,我所钟情的雪茄烟就是这里生产的,还有,我穿着的那双袜子……

接下来,演讲者又说了些什么呢?他又跳回去补充费城面积的大小吗?或者给我们补充一些他忘记说的材料?并非如此,每当说到某一方面,他都力求彻底,避免反复。对此,我们真要感谢我们的演讲者。要是演讲者语无伦次,像黄昏时的蝙蝠到处乱撞,那么,这会是多么令人迷惑不解啊!然而,有许多演讲者正是如此。他们并不是按照一、二、三、四、五这样的次序陈述观点,而是如球场上的队长那样随机叫号——二十七、三十四、十九、二。更有甚者演讲得更零乱,他们会把数字排列成——二十七、三十四、二十七、十九、二、三十四、十九。

然而,这位演讲者就像他所谈到的铁轨列车一样,演讲时永不停止,永不掉头转向,而是按时不停地勇往直前。

但是,此演讲出现了薄弱的一环,当演讲者宣称费城是"全国最大的医学、艺术、教育中心"时,共用了这十六个字力图使这一表述形象、生动且给人留下深刻印象,而再没有说其他的,马上转到了另一个话题。在这八十个句子里头,这十六字就显得微不足道了。人们的大脑不像钢制履带一样过后会留下鲜明的痕迹,由于演讲者所用的时间微乎其微,表述得很笼统、模糊,所以自己好像也没有留下任何印记,更何况是听众们呢？他本应该怎么做呢？其实，他本应像论证"费城是一个世界车间"那样来论证这一点。他也知道这一点,但是,他更清楚他只剩五分钟,要么在这里停止，要么忽略而过，别无他选了。

"生活在费城的独立家庭数目远远多于世界其他城市。"演讲者是如何使人们信服这一论题呢？首先，他列举了数字：三十九万七千。接着,他使这一数字形象化:如果把它们"间隔二十五英尺排成一行,那么,它将经过堪萨斯城的会议大厅，直至多佛，共计一千八百八十一英里"。

也许，演讲还没有结束，听众已把数字抛到九霄云外了。但是，他们会把这一数字形象化的图案忘掉吗？那是几乎不可能的。

对这篇演讲的客观事例我们就分析到这儿。但是，只是有事实，演讲是营造不出雄辩的气势的。这位演讲者一直致力于把演讲推向高潮，震撼听众的心灵，激发他们的感情。因此，对家庭的延伸中他融入了感情的材料。他指出了家庭是城市的精神所在，并痛斥"外来的社会主义和布尔什维主义的侵蚀"。他赞颂费城是美国自由精神的发祥地。自由，一个极富魔力的词，它充满了激情，数百万人曾为它献出了生命。这个词本身就很不错，但是，当它与具体的历史事实、宣言、真爱以及神圣结合起来的时候，那么，它就会引起听众心灵上的共鸣……"这里是第一面美国国旗升起的地方，是第一届国会召开的地方，是《独立宣言》签署的地方……自由之神……神圣使命……播撒美国精神……让自由之火燃烧，让我们带着上帝的旨意，使华盛顿、林肯、西奥多·罗斯福的政府成为整个人类的指路明灯"。

对于这篇演讲的分析就到此为止了。虽然这篇演讲构思很值得称道，但是，如果用平淡的语气、平静的举止去表达，它也会成为失败的演讲。然而，演讲者用最大的激情与忠诚表达着自己的真实感受，毫无疑问，它荣膺第一、获得"芝加哥杯"就不足为奇了。

2. 康韦尔博士的演讲设计方法

>没有一种设计方案或安排能够适合于全部或大部分的演讲。
>
>——戴尔·卡耐基

就像我说过的那样,如何对演讲进行安排是没有固定的规则的。换言之,没有一种设计方案或安排能够适合于全部或大部分的演讲。但是,以下这些演讲设计在一些场合会适用的。著名的《钻石天地》的作者,已故的罗素·H.康韦尔博士曾告诉我,他以下面的提纲为基础,做了许多演讲:

陈述事实
论证事实
呼吁行动

许多演讲者也发现下面的设计也很有帮助,很有激发性:

提出问题
根治问题
呼吁合作

或者,也可以换另一种表达:

  出现了需要根治的情况
  我们应该采取的措施
  你为此行动的理由

下面这个提纲又是一个简洁的设计:

  获得听众的关注
  赢得信任
  陈述事实,教导人们关注你的主张的价值
  号召人们为达到目的而行动

3. 著名人士如何构建演讲

> 我先把演讲的骨架组装起来,然后速写出演讲内容。我已习惯了使用速写,因为我发现这样会节省大量时间。
>
> ——美国总统 伍德罗·威尔逊

前参议员阿尔伯特·J.贝弗里奇写了一本短小而实用的书,叫作《公共演讲的艺术》。在书中,这位著名的政治运动家写道:"演讲者必须成为演讲主题的主人,也就是要对所有的事实加以收集、整理、研究和消化——不单是主题的一方面的材料,还包括主题的另一方面材料,甚至是方方面面的材料。而且要注意,这些仅仅是事实性的东西,并不是未经证明的假设,所以不能想当然。"

"因此,应认真检查和核对每一个材料,这就是说要进行刻苦的研究,最终要确定答案,而不是只是知道'这是什么'——你不是要为你的同伴解答疑难,给予指点,提出建议的吗?你不是想成为一名权威专家吗?"

"在把关于任一问题的事实收集、整理后,你要自主地想一下这些事实融合在一起的方法——这是非常关键,也是非常吸引人的。此时,演讲已成为你的化身,然后,尽可能地把你的思想清晰地,符合逻辑地写出来。"

换句话说,列举出正反两方面的事实,然后从这些事实中得出清晰、明确的结论。

当问及伍德罗·威尔逊的演讲的构建方法时，他答道："首先，我会列出我要讲的话题，并根据它们的自然联系在头脑中组织起来——也就是，我先把演讲的骨架组装起来，然后速写出演讲内容。我已习惯了使用速写，因为我发现这样会节省大量时间。然后，我一边修改词句，加进新材料，一边把它打印出来。"

西奥多·罗斯福在准备演讲时有他自己独特的方法：他收集所有事实，并不断回味、评估、确定，最后得出确定无疑的结论。

接着，他把一叠笔记放在跟前，开始口述他的演讲稿。他口述得很快，以便自然、流畅和保持生活本色。然后，他把讲稿打印出来，不断用铅笔修改、删减、补充，最后重新口述一遍。他总结说："离开了辛勤的劳动、缜密的判断、细心的设计以及长时间的准备，我将一事无成。"

他经常让评论家评论他口述或朗读的讲稿，而且从不与他们争辩。因为将他全身心都投入到演讲中去，而且矢志不渝。他希望别人告诉他如何表达，而不是表达什么。然后，他一遍又一遍地浏览打印讲稿，不断对之加工润色，最终形成了报纸所印刷出来的演讲稿。当然，他并不能完全把它背诵下来。他即席演讲，所以他演讲的与印刷稿相比难免有些出入。但是，正因为有口述与反复回味演讲稿这些出色的准备工作，使他能够更熟悉材料，更了解其中的逻辑顺序。这样，他在演讲的时候能够更流利、自信和优雅。这是其他方法所不能达到的效果。

奥利弗·洛奇先生告诉我，口述是演讲准备的一个极好方法。口述的时候要快速，言之有物，好像面对听众演讲一样。

许多学员发现面对着录音机进行口述，然后回头来听自己演讲是很受启发的。确实如此，而且有时会让你对自己的缺陷恍然大悟。这是一个非常好的训练方法，我郑重向大家推荐。

写出你想说的东西会激发你去思考,澄清你的思想,增加你的印象。它会最大限度地消除你的疑虑,增强你的口述表达能力。

本杰明·富兰克林在他的自传里讲述了如何提高自己的口述水平,如何培养遣词造句的能力,如何自学整理思想的方法。这本传记是一部文学经典,而且,与其他经典所不同的是,它易读且令人愉悦。它几乎是一本通俗易懂的范本,每一位演说家和作家定会从中受益匪浅。下面我推荐一段节选,希望你们喜欢:

> 一个偶然的机会,我发现了《旁观者》一书的第三集,我从未看过这本书。于是,我把它买了下来反反复复阅读,并从中享受了很大的乐趣。这本书文笔非常精彩,我很喜欢模拟它。于是,在这样的冲动下,我拿出笔和纸,数日内把书中的感情线整理了出来。然后盖起书,凭着这些线索,用最贴切的语言把文章补充完整,连缀成篇。然后对照着书本,我发现了许多错误,并把它们逐一改正过来。在这一过程中,我发现并吸收了许多新词语,并学着运用它们。其实,这种能力,要是我能坚持写诗早就应该学会了。因为诗歌对句子长短、平仄韵律的要求会让我不断搜寻、掌握各种各样的词语。于是,我经常摹写一些小说。有的时候,书中的线索令我很迷惑,于是,我要花费数周的时间才能把它整理出来,然后才把故事补充完整。这就使我学会了整理思维的方法。通过与原文的比较,我发现我摹写的文章有许多缺陷,并加以修正。我为自己的点点进步而感到无比的快乐。我幸运地掌握了提高语言运用水平的方法,也让我雄心勃勃地向着成为一名不蹩脚的作家这一梦想迈进。

4. 让你的笔记成为璀璨的宝石

> 在演讲之前,演讲者绝不应该中止对讲稿的精益求精,即使是演讲结束后,演讲者也可以对其进行改进。
>
> ——戴尔·卡耐基

在上一篇里,我建议你做好笔记,把你的各种想法和例子记下来,并使之成为你所需的"钻石"——把它们按内在联系分成不同的部分,其中最主要的几部分应该是你演讲的主要要点。然后,再把这些部分细分,取其精华,弃其糟粕。一个演讲者如果采用正确的准备方法,那么他就会对拥有的材料进行百里挑一的选择。

在演讲之前,演讲者绝不应该中止对讲稿的精益求精,即使是演讲结束后,演讲者也可以对其进行改进。

一个优秀的演讲者在演讲结束后通常会有四个演讲版本:一个是他准备演讲时写的,一个是他演讲现场所做的,一个是报纸上刊登的,最后一个是他心中所希望的。

5. 演讲时可以借助笔记吗

> 在演讲准备中，我们需要做笔记——无论是精心制作的，还是大概编写的，当你在独自练习时，你会希望依赖它们。当你面对着听众时，你口袋中的笔记很可能会让你感到心神稳定。
>
> ——戴尔·卡耐基

虽然林肯是一位杰出的即席演讲家，但在他进驻白宫后，除非他对自己的讲话有周密的准备，并付诸成文，否则他是不会对自己的内阁发表演讲的，哪怕是非正式的讲话。当然，他不得不宣读自己的就职演说，因为这历史性文件措辞的准确性是非常重要的，是不允许即兴而讲的。但是，当我们回顾林肯在伊利诺伊演讲的时候，发现他从不使用演讲稿，他认为使用讲稿或笔记会让听众感到厌烦。

也许，我们会有人不同意他的意见：难道在演讲中使用笔记会削减你一半的兴趣？难道它们会阻碍，或至少妨碍演讲者与听众之间的交流吗？难道这样会制造虚假的氛围？难道它们会让听众感到演讲者缺乏应有的自信吗？

我要重申一下，在演讲准备中，我们需要做笔记——无论是精心制作的，还是大概编写的，当你在独自练习时，你会希望依赖它们。

当你面对着听众时，你口袋中的笔记很可能会让你感到心神稳定。但正如普尔曼式卧车里的锤子、锯子以及斧子一样，它们仅仅是一种应急工具，只有在车子发生碰撞、损坏或面临严重事故时才会用上。

如果你必须用笔记，应用醒目的字体把它们简要地记在一张宽格纸上，然后，提前到场，把笔记藏在桌子上的书籍下面。当你需要的时候，偷偷地看一眼，但一定要掩人耳目方可。

然而，尽管我们反对使用笔记，但有时候，使用笔记也是一种明智的选择。例如，许多演讲者在初次演讲时会过于紧张，以致把所准备的演讲稿忘得一干二净。那么，结果呢？他们夸夸其谈，离题万丈。因此，在初次演讲时，为何不拿一些简要的笔记呢？正如一个孩子在初学走路时也要借助一些家具一样。但是，这种做法不能持续太久。

6. 不要死记硬背

不要试图一字不漏地背诵你的演讲。

——戴尔·卡耐基

不要试图一字不漏地背诵你的演讲，那会既浪费时间，又可能导致演讲受挫。但是，仍有一些人不听忠告，尝试背诵演讲稿。当他们背完讲稿后，站着面对听众时，他们的脑袋里会想到什么呢？是他们要表达的意思吗？并非如此。他们只是努力回忆自己背诵的语句，而且与人的正常思维相反，他们并不是往前想，而是往后回忆。于是，整个演讲变得僵硬、乏味，毫无生机，毫无情感。因此，我奉劝这些演讲者，不要再这样去做既费时费力，又徒劳无功的事情了。

在进行商务会谈时，难道你会预先逐字逐句背诵你将要讲的话吗？当然不会。实际上，你会预先在头脑中形成清晰的思绪，然后再表达出来。你也许会做一些笔记，询问一下相关资料，然后你会在心中默想："我要弄清楚这到底是怎么一回事。要完成这些事情的理由是什么……"然后，你举出具体例子，并加以论证。这就是商务会谈的准备方法。为什么不可把这种方法应用到演讲准备之中呢？

7. 格兰特将军的苦恼

> 不要为辞藻而搜肠刮肚，只为事实与思想而投入。
>
> ——古罗马诗人 贺拉斯

当李将军要求格兰特写下投降的条件时，这位联军统帅向帕克上将求助，让他为自己提供一些写作材料。格兰特在其《回忆录》里记述道："当我提笔准备写此文时，我并不知如何措辞。我清楚知道我要写些什么，我也想把它表达出来。但我不知道怎样才能清楚无误地表达。"

格兰特将军，其实你并不需要为措辞而烦恼，因为，你已经有了自己的理念和想法。你非常清楚地知道你要说什么。那么，只要你用自己习惯的语言就可把它流畅地表达出来。而且，这也适用于任何人。要是你对它怀疑，你可以打倒一个人，看他站起来后是否无话可说。当然不会。

两千年前，贺拉斯写道：

> 不要为辞藻而搜肠刮肚，只为事实与思想而投入。

那么，下笔就有如神助。

当你的头脑里坚定了某些想法时，无论是守着茶壶等待水开的时候，还是你漫步在街头时，或者是你等待电梯的时候，你都应从头到尾默默地、极富感情地排练一下。当你独自在房间的时候，你可以大声地、绘声绘色地带着激情进行操练。坎特伯雷的加内·诺克斯·雷特尔曾说过，一个传道士在经过多次的演讲后，才真正懂得其中的真谛。除非你把它复习了多次，否则，你怎能妄想不经练习而获其精髓呢？当你练习时，你要把你想象成站在听众面前，只要你坚持这样想，你就会感到游刃有余。

8. 为什么雇主认为林肯"极为懒惰"

> 在惯常工作中你必须放松,调节自己。那么,演讲练习也是如此。
>
> ——戴尔·卡耐基

如果你用这种方式练习演讲,你定会成为一名著名的演讲家。当劳合·乔治在他的家乡——威尔士的一个小镇担任当地的演讲协会会员时,他经常漫步于乡村小道上,面对着树木和栏杆发表激情的演讲。

林肯在年轻时经常步行往返三四十英里去听一个著名的演说家布雷肯里奇的演讲。每次听完演讲,他都兴致勃勃,立志要成为一名演说家。于是,他把其他雇佣工人召集到田地里,自己登上了树桩,或发表演讲,或讲述故事。他的雇主越来越生气,宣称林肯"极为懒惰",因为他的笑话、他的演讲使得其他雇员不听使唤。

阿斯奎斯成为牛津大学演讲联合会的出色会员后,组织了自己的演讲联合会。伍德罗·威尔逊在演讲协会中学习演讲,亨利·沃德·比彻、伯克、安托瓦内特·布莱克威尔以及露西·斯通等人莫不是如此。伊莱休·鲁特也是在纽约二十三大街的基督教青年会的演讲协会中反复进行演讲练习。

通过研究著名演讲者的经历,你会发现他们的一个共同特点:不断练习，而且，练习的越多，进步就越快。

没有时间那样去练习？那么，你可以按照约瑟夫·乔特的方法去做。当他上班时，他会买一份报纸并假装着专注地去阅读，以至于没有人能打扰他。其实，他并没有去看那些丑闻、蛮语，而是思考设计着自己的演讲。

铁路业总裁和美利坚合众国参议员昌西·M.迪普生活相当繁忙。但即使是这样，他几乎每天晚上都要演讲。他说道："我不会让这些演讲干扰我的工作。它们都是在我离开办公室后，到家前就准备好的。"

每天，我们都有几个小时来自由支配。然而，达尔文不顾自己的身体健康，就是利用这几个小时埋头工作。正是这几个小时的充分利用，使他闻名于世。

西奥多·罗斯福身居白宫时，经常在午前安排一系列的五分钟会晤。即使这样，他总不忘带上一本书，充分利用会晤间隙进行阅读。

如果你忙得不可开交，那么请读一下阿诺德·班尼特的《如何利用一天中的二十四小时》。撕下其中数页放到你的裤兜里，在你空闲时翻阅一下。正是用这种方法，我仅用了两天时间就把这本书看完了。这本书将告诉你如何节省时间，如何高效利用时间。

在惯常工作中你必须放松，调节自己。那么，演讲练习也是如此。例如，你可以在家中与你的家人一起做些即席演讲游戏。

小结

一、拿破仑说过,"战争艺术是一门科学,如果不预先精确计算和思考,就不会取得任何胜利"。确实,演讲就像打仗,就像航海,需要依计划进行。一个不知身在何方的人,通常也会不知所措。

二、安排构思,设计演讲是没有固定的、一成不变的规则的。每一次演讲都有它具体的问题。

三、每个演讲者要力求透彻了解每一方面,就像关于费城的那一篇获奖演讲那样。在安排时不能反复,不能像黄昏的蝙蝠那样到处乱撞,令人迷惑不解。

四、已故的康韦尔博士利用以下的提纲做了许多演讲:

陈述事实
论证事实
呼吁行动

五、以下的设计也很有帮助:

提出问题
根治问题
呼吁合作

六、下面又是一个优秀的提纲：

获得听众的关注

赢得信任

陈述事实，教导人们关注你的主张的价值

号召人们为达到目标而行动

七、前参议员阿尔伯特·J.贝弗里奇提出：演讲者要对所有事实进行收集、整理、研究和消化。但要注意，这些仅仅是事实材料，你要从这些事实中得出相应的结论。

八、林肯在演讲前对自己的讲话总要做周密的准备。当他四十岁，成为国会议员时，他研究了欧几里得，以至于他能够出色地论证他的话题。

九、西奥多·罗斯福在准备演讲时，总是收集所有事实，并不断进行评估，然后快速地把讲稿整理出来，再不断修改打印稿，直到最终定稿为止。

十、如果可以的话，面对着录音机进行口述，然后回头再听，这是很有启发的。

十一、笔记会减弱你演讲中一半的吸引力。应避免使用笔记。最重要的是，不要照读你的演讲稿，听众不会对只是读讲稿的演讲感兴趣。

十二、当你想好并设计好你的演讲，你应随时随地默默地排练一下，也可以把自己想象成面对着听众绘声绘色地带着激情进行操练。只要你坚持这样做，你就会感到游刃有余了。

第四篇
增强记忆力

盲目地、机械地死记硬背是不够的。我们需要机智的记忆,需要根据我们的记忆特点来记忆——这正是我们记忆所需要的。

无论我们头脑中出现什么念头,记忆就会捕捉到早已存在大脑中相对应的事物……如果一个人经常对所接触的事物进行思考并把它形成一个有序的体系,那么这个人就有更好的记忆力。

五分钟全神贯注的记忆效果远远胜于疲劳状态下的数日记忆。

——戴尔·卡耐基

著名的心理学家卡尔·西肖尔教授说过:"普通人对于先天记忆力的利用不超过百分之十。其余的百分之九十由于不遵守记忆的自然规律而被白白地浪费掉。"

你是这些普通人中的一员吗?如果是,那说明你正挣扎于社会和商务中。因此,读完或反复阅读了这一篇后,你会兴趣盎然,受益匪浅。本篇将会描述和解释记忆的自然规律,并展示如何在商务社交或演讲中使用这些规律。

其实,这些"记忆的自然规律"很简单,只有三条,每一个所谓的"记忆系统"都是在此基础上建立的。简而言之,它们是印记、复述和联想。

第一条记忆指令是这样的:对自己要记的东西获得生动、鲜明、持久的印记。而要达到这一点,必须全神贯注。西奥多·罗斯福惊人的记忆力给人留下了深刻的印象,而他之所以拥有出色的记忆力主要是由于他能把东西深深地烙印在心里,在顽强的信念和不懈的努力支持下，他已经把自己锻炼得能在任何环境中都全神贯注，不被干扰。在一九一二年，在芝加哥"公牛与驼鹿会议"期间，他的办公总部设在国会大酒店。在酒店楼下的大街上，人们汹涌澎湃地摇旗呐喊："我们需要泰迪！我们要泰迪！"人们的怒吼声、乐队的演奏声、来往的政客们、紧张的会议安排以及不时的请示都会让任何一个普通人分心。然而罗斯福坐在房间的摇椅上，全神贯注地阅读着希腊历史学家希罗多德的著作，把其他一切全都忘记了。在去巴西荒野的旅途中，傍晚一到宿营地，他就在树下找到了一块干燥的地方，坐在小凳上阅读起吉本的《罗马帝国衰亡史》。此时，他是多么沉浸于故事中，以至于没有察觉身边的雨声、吵闹声以及营地里的活动声和热带森林中的声响，毫无疑问，他能够做到过目不忘。

五分钟全神贯注的记忆效果远远胜于疲劳状态下的数日记忆。亨利·沃德·比彻写道："集中精神的一个小时，远胜过迷迷糊糊的数年。"伯利恒钢铁公司的总裁，年收入一百万美金的尤金·格雷斯这样说："迄今为止，我所学的任何东西中最重要的一件，就是我每天无论在什么情况下都要全神贯注于当前的工作。"

这就是增强力量的奥秘，尤其是记忆能力。

1. 他们未曾留意一棵樱桃树

> 普通人的大脑对看到的事物只有千分之一的反应。
> ——美国著名发明家 托马斯·爱迪生

托马斯·爱迪生发现,六个月以来,他的二十七个助手每天从电灯厂到新泽西州西门罗公园的总厂的同一条路上,有一株樱桃树在路边。然而,当被问及这棵树时,没有一个助手对它留意过。

爱迪生振振有词:"普通人的大脑对看到的事物只有千分之一的反应。我们的观察力——真正的观察力——是何等薄弱啊!"

把一个普通人介绍给你的两三个朋友,但两分钟后,那普通人就会把那些人的名字忘得一干二净。为什么会这样呢?因为他在开始时并没有给他们以足够的关注,没有细心地观察他们。他也许会告诉你他的记忆力不好。可是并非如此。应该是说他的观察力太薄弱了。假如在大雾天气里照相,照片模糊不清,他绝不会埋怨照相机。同样,由于对他人的印象模糊不清,又怎能埋怨自己的记忆力呢?

《纽约世界》的创办者,约瑟夫·普利策在每一位员工的办公桌上留下这样的字:

准确
准确
准确

这正是我们所需要的。准确地听到别人的名字,记住它。并请求他再重复,向他询问如何拼写。如此,他会被你的兴致所感染,而且,因为你集中精神,你自然会记住他的名字,你就会获得清晰、准确的印记。

2. 林肯为什么大声朗读

> 最理想的记忆方法是不但要去看、去听,而且需要触摸、嗅闻和体味。
>
> ——戴尔·卡耐基

林肯在少年时就读于一所乡村学校。这所学校的地板是用碎木头做的。不仅如此,为了防止阳光照射,学生们从书本上撕下纸贴在玻璃窗上,而只剩下一本教科书。上课时,老师大声地朗读,学生们跟着他读。所有人一起读书,整个学校都陷入了一片沸腾之中。周围的邻居称之为"喧嚣的学校"。

在这"喧嚣的学校"里,林肯养成了一个终生的习惯:每当需要记忆时,他总会大声朗读。每天早晨,他一到达斯普林菲尔德的律师事务所时,他就马上躺在长沙发上,把一条不很灵活的腿放到旁边的椅子上,开始大声地阅读起报纸来。他的同事说道:"他令我烦透了,几乎难以忍受。有一次,我问他为什么要大声读报纸。他解释说:'当我大声阅读时,有两种感官参与其中:一是视觉,二是听觉。因此我会记得更牢固。'"

林肯的记忆力很惊人,他说:"我的大脑就像一块钢铁,虽然很难在上面留下什么。但一旦留下了,便很难抹去。"

为了调动你的视觉和听觉来增强记忆，你应该行动起来，就像林肯那样去做。

　　最理想的记忆方法是不但要去看、去听，而且需要触摸、嗅闻和体味。

　　但首要的还是去看。我们通常都是利用视觉记忆的。视觉留下的印象会存留一段时间。我们通常会记得一个人的模样，却忘记了他的名字，因为从眼睛到大脑的神经要比从耳朵到大脑的神经强大二十五倍。正如中国的一句谚语："百闻不如一见。"

　　所以，写下需要记忆的名字、数字或演讲提纲，先看一下，然后闭上眼睛，把它们形象化为火红的字体来记忆。

3. 马克·吐温如何不带笔记演讲

在视觉上，我们很难捕捉到深刻的形象。图画，尤其是你自己亲手做的图画，能帮助你记忆任何东西。

——美国著名作家 马克·吐温

马克·吐温发现了视觉记忆力，就把多年来依赖笔记的这个坏习惯克服了。他在《哈珀杂志》中写道：

日期是很难记住的，因为它们都是由数字组成。数字总是单调无味，无法给人深刻的印象。它们不能形成画面，因此，在视觉上，我们很难捕捉到深刻的形象。的确，图画能帮助我们记忆日期。或者我们也可以这样说，图画，尤其是你自己亲手做的图画，能帮助你记忆任何东西，事实上，这就是最关键的一点——亲手构图。这是我的经验所得。三十年前，我每晚都要记诵讲稿，发表演讲。为了更投入到演讲中，每次我都得在纸上写一些提示来帮助自己。这些提示往往是句子的开头部分，共有十一个，它们大概如此：

那个地区的天气——

那个时代的风俗——

但在加利福尼亚州的人们从未听说——

这十一个提示简要地勾勒出演讲的主要内容，而且也保证了我不会遗漏某个要点。但是，它们看上去是如此相似，难以构成一幅图画，以至于我虽然用心记忆，但还是不敢完全确定它们的顺序。因此我总是把这些提示放在身边，在演讲中不时地看上一眼。有一次，我忘了把提示放在哪里，你简直无法想象那个晚上是多么令我恐慌。之后，我知道要另想办法帮助记忆。于是，我把提示的首字母按顺序写在手指甲上，如I、A、B等。第二天晚上，当我登台演讲时，我发现这方法并不太奏效。因为我要不时地看看我的手指头，过了一会儿，我便不知道哪个手指头用过了。我并不能把说过的那个字母擦掉，因为那定会引来巨大的好奇。可是，我现在看手指也引来了他们的好奇心。他们对我的手指头比对演讲的主题更感兴趣，有几位听众甚至在演讲结束后询问我的手指怎么了。

在那个时候，构图的主意令我眼前一亮，因此，我的烦恼也消失了。在两分钟内，我绘制了六幅图画，它们代替了那十一个提示句子，而且非常有用。在图画绘制完后，我就可以把它们随手扔掉了。因为我闭上眼睛，它们就能在我的头脑里浮现出来。虽然这份演讲是我在四分之一个世纪前做的，而且有二十多年不再想它了。但我仍然能够利用那些图画复写出来——因为那些图画仍铭记在我的心里。

偶然地，有一次我要凭着记忆做一场演讲。在演讲中，我想利用这一年中提及的大量材料。于是，我利用图画把这些材料勾勒出来：罗斯福在人群的喧嚣声和乐队的演奏声中安静地阅读历史书籍，爱迪生正在注视着一棵樱桃树，林肯正大声阅读报纸，马克·吐温正面对着听众擦拭手指上的墨水迹。

那么，我是如何记住图画的顺序呢？通过一、二、三、四的序号吗？并非那样，因为那样做并不容易。我是把序号转换成图画，并把它与表示要点的图画结合起来。举例来说：序号"一"听起来像"跑"，于是，我用一匹奔跑的马表示"一"。罗斯福就骑在这匹马上在房间里看书。序号"二"听起来像"动物园"，于是，我想象着爱迪生在动物园里的饲养熊的笼子旁注视着一棵樱桃树。序号"三"听起来像"树"，于是我把林肯画成蜷缩在树顶上对他的同事大声朗读。序号"四"听起来像"门"，于是，我把马克·吐温画成倚在门框上，面对着听众一边发表演讲，一边擦拭着手指上的墨水迹。

我想，许多读者读到这里会觉得这种方法很荒唐可笑。而这种方法确实如此。但正是如此，它能帮助我们记忆。记住这些古怪荒唐的东西相对来说比较容易。要是让我只是记着数字顺序，我会很容易把它们忘记。相反，如果按照我刚才所描述的那样去记，那是能够铭记于心的。比如说，我想回忆第三点内容，我只要问自己树的顶端有什么就可以了。马上，我就看到了林肯。

出于自己的使用便利，我把一至二十的数字转化成读音相近的图画。在这儿我已把它们列了出来。如果你肯花半小时工夫记忆这些数字图画，那么，无论提问哪幅图画，你定能准确地说出它们的序号。

下面是图画数字，请尝试记忆一下，你会发现它们确实很有趣。

一、跑——一匹奔腾的赛马。

二、动物园——可以看到饲养熊的笼子。

三、树——把第三点的内容画在树顶上。

四、门或野猪——用听起来像"四"的任何东西或动物。

五、蜂房。

六、病——想象戴有红十字标志的护士。

七、天堂——街上铺满黄金，天使们在弹竖琴。

八、大门。

九、酒——酒瓶倒在了桌子上，酒水流了出来，并把桌子上的东西冲了下来。要注意这些画面动作，它可以使整个画面有连贯性。

十、在石洞里或丛林深处的野兽洞穴。

十一、一个十一人的足球队正疯狂地在球场上跑着。他们踢向高处的东西正是我想要记住的东西。

十二、搁置——有一个人正把架子上的东西向后推。

十三、受伤——血从伤口中流出来，染红了第十三个要点的东西。

十四、求爱——一对夫妇正坐在某处亲热。

十五、举起——强壮的约翰·L.沙利文正把某物高举过顶。

十六、拍打——一场拳战。

十七、发酵——一个家庭主妇正揉生面团，并把第十七个要点揉进面团里。

十八、等待——一位女士正在丛林深处的交叉路口等人。

十九、钉住——一位女士正在哭泣，她的眼泪正滴在要记忆的第十九个要点上。

二十、收获的角——一只羊角挂满了鲜花、果实和谷物。

如果你愿意的话，可以花费一些时间记忆这些图画数字。要是你喜欢，你也可以自己创制图画。例如"十"，你可以把它想象成"鹪鹩"、"自来水笔"或"母鸡"之类——一切听起来像"十"的发音的事物皆可。假如你要记忆的第十个要点是"风车"，你可以把母鸡画在风车上，或者让风车把墨水注满自来水笔。那么，当你要回忆第十个要点时，一定不要去考虑"十"，而是想想母鸡坐在哪里即可。你可能不以为然，但试试看，你会让众人对你的记忆能力大吃一惊，至少，你也会觉得其乐无穷。

4. 重复记忆最有意义

> 采取间歇的记忆方法，思维则不会感到倦怠。
>
> ——戴尔·卡耐基

开罗的艾尔－阿扎尔大学是世界上著名的大学之一。它是一所伊斯兰教学校，拥有学生二万一千人。其入学考试要求报考者背诵《古兰经》，长度相当于《新约》，要三天才能背诵一遍。

中国的学生，或称为"读书的乖孩子"也要背诵许多宗教和古典书籍。

那么，这些阿拉伯和中国的学生是如何拥有这样惊人的记忆力呢？

是反复记忆。这正是第二个"记忆的自然规律"。

通过不断反复记忆，你会掌握大量的事实材料。你要不断地记忆、使用和运用知识。在你的谈话中不断运用新词语。如果你想记住某人的名字，你可以直呼其名。如果你想掌握演讲的内容，那么你可以在谈话时不断涉及到它。一句话，持久的运用会带来持久的记忆。

盲目地、机械地死记硬背是不够的。我们需要机智的记忆，需要根据我们的记忆特点来记忆——这正是我们记忆所需要的。例如，艾宾浩斯教授让他的学生记忆一连串没有什么含义的音节，如"deyux"、"qoli"等。结果，他发现，如果把这项记忆任务分成三天，学生只需记三十八次。但如果一次性背诵，学生则要六十八次……其他的心理测试也获得类似的结果。

这是关于记忆原理的一个重大发现，也就是说，一个人不停地重复记忆直至最终记牢所花费的时间与精力，是相当于记忆过程中做适当间歇的人所要花的两倍。

人的思维的独特性，我们可以从两个方面来解释：

第一，在重复记忆的间歇时间，我们的潜意识会更活跃，联想更可靠。就像詹姆斯教授睿智的论断："我们应在冬天学游泳，在夏天学滑冰。"

第二，采取间歇的记忆方法，思维则不会感到倦怠。《阿拉伯人之夜》的译者，理查德·伯顿先生能说二十七种地道的语言。他坦诚道，他每次学习或练习某种语言都不会超过四十五分钟，因为超过四十五分钟，他的大脑就会失去新鲜感。

自然，明白了这些道理，现在不会有人直到演讲的前一天晚上才做准备。如果他这么做，那么他只能事倍功半了。

对于遗忘的方式，现在有一些很有意义的发现。心理学实验反复验证了我们所学新知识在最初八小时里比随后的三十天里遗忘的还要多。这是多么惊人的比例啊！所以，当你参加商务会议、PTA会议或者俱乐部聚会时，在发言前，就要再次快速浏览一下你的材料，这样，有助于你恢复记忆。

林肯对此做法深有领悟，并经常运用之。在葛底斯堡，博学的爱德华·埃弗里特先于他发言。在长篇宏论将要结束之时，林肯"因为倾听了别人的演讲而显得紧张起来"。于是，他马上从口袋里掏出草稿默默地浏览起来，以便重新恢复自己的记忆。

5. 如何把事物组织起来

> 良好的记忆奥妙在于形成多种多样的联想。
>
> ——美国著名心理学家 威廉·詹姆斯

对于前面那两条记忆的自然规律我们就谈到这里。而第三条,即联想,在记忆中是不可或缺的因素。事实上,那是对记忆本身的解释。就像詹姆斯教授所说的:

> 我们的大脑基本上是联想的机器……假设你沉默了片刻,然后用祈使的语气对自己说:"回忆!回忆!"你的记忆会听从你的指示,回忆起你过去的印迹吗?当然不会。大脑就犹如进入了真空,不禁会问:"你要我回忆什么呀?"简而言之,回忆需要线索。但如果我说,回忆你的生日,你早餐吃了什么,或者是音节排列的顺序,那么,你的记忆就会马上出现想要的结果:提示决定了回忆起一特定对象的可能性。现在,如果你想搞清这是怎么回事,你会马上意识到线索是与事物密切相关的。例如,"出生日期"与年、月、日这些数字有着根深蒂固的联系,"早餐"只会让你联想到咖啡、熏肉和鸡蛋,"音阶"自然是耳熟能详的哆、唻、咪、发、唆、啦、西、哆。事实上,

联想的规律在我们的思维中起着支配作用，只要这种思维不会因为没有思考的对象而中断。无论我们的头脑中有什么念头，联想就会捕捉到相应的事物，就像它早已存在我们的大脑中一样。而且，你思考的事物与你回忆的事物一般是无二的……一个受过训练的记忆会依赖一个联想的组织体。而它的功能取决于两个特性：第一，联想的持久性；第二，联想的有序性……因此，良好的记忆奥妙在于形成多种多样的联想。但是，在这一过程中，除了尽可能地对事物加以思考外，还需要什么呢？简而言之，就是要使事物变得有序起来。例如，两个有同样经历的人，其中一个经常对他的经历进行反复思考，并使之形成有序的体系，那么这个人的记忆力就会更好。

那么，我们如何把事物相互地联系起来呢？答案是这样的：确定它们的含义并加以分析。例如，如果你要对新的事物询问以下的问题，那么，在这一过程中，你就把这些新事物融入到一个有序的体系中了。

a. 此事实为何会这样？
b. 此事实是如何形成的？
c. 此事实发生在何时？
d. 此事实发生在何处？
e. 此事实是谁介绍的？

例如，如果要记住一个陌生人的名字，而且是一个普通的名字，那么，我们可以把他与我们具有相同名字的朋友联系起来。要是这个名字比较不寻常，我们可以借机读一下，把这种新奇感觉表达给主人，而这往往会导致姓名的主人介绍起自己的名字来。比如，在写这一篇的时候，我被介绍认识了索特夫人。我向她询问了她的名字是如何拼写的，还请教她介绍这一名字为何如此奇特。她回答道："是的，这个名字很不寻常。它是希腊文，是'救世主'之意。"随后，她向我介绍说她丈夫的家人来自雅典，在当地身居要职。我发现让别人介绍自己的名字是一件很容易的事，而且这也有助于我记住他们。

当遇到陌生人时，要注意观察他的外貌。留意他眼睛与头发的颜色以及他的长相特征，观察他的打扮风格、说话语调等，以获得一个清晰、生动、鲜明的印象，并使之与其姓名联系起来。下一次见面时，那深刻的印象又会浮现在你的脑海里，名字也自然地伴随着涌到你的脑海中。

不知你是否有过这样的经历？当你第二次、第三次遇见某个人时，你仍记得他的职业或工作，但就是记不起他的名字。其原因是：人们的职业是确定且具体的，有其含义，但名字是抽象的，就会像房顶的冰雹一下从你的记忆中脱落下来。因此，为了确保你能记住某人的名字，你应该使之转换为与其职业有联系的短语。这种方法的效果是毋庸置疑的。例如，二十个相互不认识的人在费城的拜恩运动俱乐部相遇，于是，他们相互介绍自己的姓名与职业。而且，他们都使用一些短语把姓名与职业联系起来。数分钟后，他们彼此都能直呼其名了。在以后的见面中，也没有人忘记他们的姓名与职业了。因为这两部分已经被连在一起了。

下面按照字母顺序排列了一些名字，而后面都附上了与其工作相联系的短语：

Mr. G. P. Albrecht (G.P. 艾尔伯瑞斯特) (Sand business——产沙业) —— "Sand makes all bright" (沙使万物变光明)

Mr. G. W. Bayless (G.W.贝莱斯)(Asphalt——沥青业)——"Use asphalt and pay less"(使用沥青很便宜)

Mr. H. W. Biddle (H.M.比道尔)(Woolen cloth——羊毛服装)——"Mr. Biddle piddles about the wool business"(比道尔先生从事羊毛业)

Mr. Gideon Boericke(戈登·鲍埃瑞克)(Mining——采矿业)——"Boericke bores quickly for mines"(鲍埃瑞克先生迅速地钻洞取矿)

Mr. Thomas Devery(托马斯·戴沃瑞)(Printing——印刷业)——"Every man needs Devery's printing"(每个人都需要戴沃瑞的印刷业)

Mr. O. W. Doolittle (O.W.杜雷涛)(Automobiles——汽车业)——"Do little and you won't succeed in selling cars"(不尽心尽力,就卖不好汽车)

Mr. Thomas Frischer (托马斯·费舍尔)(Cool——采煤业)——"He fishes for coal orders"(他在等订煤单子上门)

Mr. Frank H. Goldey (弗兰克·H.高第)(Lumber——伐木业)——"There is gold in the lumber business"(伐木业中有黄金)

Mr.J.H.Hancock (J.H.汉考克)(Saturday Evening Post——星期六晚间节目)——"Sign your John Hancock to a subscription blank for the Saturday Evening Post"(在预定星期六晚间节目单上签上约翰·汉考克先生的名字)

6. 如何记忆日期

> 如果你机械性地记忆，你肯定会觉得疲惫不堪。如果你通过一个故事将它们组合起来，这种记忆效果就会瞬间奏效。
>
> ——戴尔·卡耐基

在记忆某一日期时，我们可以把它与我们所熟悉的日子联系起来。例如，让一位美国人记住苏伊士运河于一八六九年开通，可能会很困难。但如果让他记住那是内战结束后的第四年则会容易多了。再如，记忆一七八八年，澳大利亚有第一位居住者，那么，这个日期则会像汽车里松动的螺丝极易遗失一样容易忘记。但如果联想到一七七六年七月四日美国独立日，十二年后，发现了澳大利亚第一位定居者，则相对容易记忆得多，这就好像松动的螺丝又被拧紧似的。

在选择电话号码时也是如此。例如，我的电话号码是一七七六，正好是美国独立年，所以每个人都会毫不费力地记住它。在从电话公司选择号码时，如果你选了诸如：一四九二、一八六一、一八六五、一九一四、一九一八这些号码，那么你的朋友就无需查电话本了。如果你以普通方式把你的电话号码如"一四九二"告诉了你的朋友，他们定会很快忘掉。但如果你告诉他们这正是哥伦布发现美洲的时间，他们定会牢牢记住。

澳大利亚人、新西兰人或加拿大人阅读到此时，肯定会把自己国家的重要历史事件与一七七六、一八六一、一八六五联系起来。

要记下面的时间，最好的途径是什么？

a．一五六四——莎士比亚诞辰

b．一六〇七——首位英国人在美国的詹姆斯城定居

c．一八一九——维多利亚女王诞辰

d．一八〇七——罗伯特·E.李的诞辰

e．一七八九——巴士底狱被攻陷

如果你机械性地记忆，按先后顺序去记住最初加入合众国的十三个州，那么，你肯定会觉得疲惫不堪。但是，如果你通过一个故事把它们组合起来，那么这种记忆效果就会瞬间奏效。所以，请全神贯注地阅读下文，看看你能否依次说出十三个州的名字：

  一个星期六下午，一个来自特拉华州的年轻女子，买了一张去宾夕法尼亚州的火车票，做一次短途旅行。她把一件新泽西州产的汗衫放到手提箱里，然后就去拜访康涅狄格州的朋友佐治亚。第二天，她和女主人参加了马里兰教堂的集会，然后又坐南线车回到家里。在餐桌上，她们享用了弗吉尼亚烧烤的火腿，而弗吉尼亚是来自纽约的一位黑人厨师。饭后，她们又乘坐北线车来到街道中央的"安全岛"。

7. 如何记忆演讲中的要点

把自己的演讲内容与头脑已有的知识联系起来。

——戴尔·卡耐基

　　我们在思考问题的时候只有两种方式：一是外界刺激，二是运用头脑联想。把这两种方式运用到演讲中就是：一是通过诸如演讲提示等外部刺激，但这种方法谁会喜欢呢？二是把自己的演讲内容与头脑已有的知识联系起来。这些演讲内容是按照一定的逻辑顺序组织起来的，首尾相承，正如房门过后必是另一房间一样。

　　这说起来很简单。但对于一位初习演讲的人来说则是十分困难的。因为他们的思维能力已由于恐慌而大打折扣了。然而有一种简单、快速且准确的方法可以帮助你把所有要点结合起来。这个方法是指组合一些毫无意义的句子。例如：假如你要讨论一些杂乱无章的主题，它们毫无联系，很难记忆，就像"牛奶、雪茄、拿破仑、房子、宗教"之类的。那么，让我们看看能否把这些主题串起来，组成一个荒谬的句子："一头奶牛吸着雪茄烟，钩住了拿破仑，房子连同宗教在大火中倒下了。"

　　现在，你也可以组织另一个句子代替上面的句子。然后，你就可以想一下演讲的第三个主题是什么？第五个呢？第四个呢？第二个、第一个呢?

这种方法奏效吗?的确如此!如果你正为提高自己的记忆力而努力,那么就马上行动起来吧!

用这种方法,任何要点都可以组合起来,而且句子越荒谬,这些要点就会越容易被记忆。

8. 如何应对演讲中的意外

> *没有想象，就没有一切的存在。*
>
> ——古代犹太国王 所罗门

我们可以设想，即使一位演讲者已做了充分的准备，做了以防万一的准备，但当他在面对一群教会听众发表演讲时，突然脑袋一片空白，众目睽睽之下，他哑口无言，无法继续下去，那是多么困窘的情景啊！他的自信在迷惘和挫折中荡然无存，只好坐了下来。他想，要是再给他多十秒钟或十五秒钟，他定会想出他接下去要讲的要点。但是，在听众面前即使是短短的几秒钟沉默，对演讲者来说也是一场可怕的灾难。那么，应该如何做呢？美国的一位知名的参议员发现自己陷入类似的困境时，他便询问听众他的声音是否够大，以至于后排的听众能听清楚。他知道自己"醉翁之意不在酒"，他是为了赢得时间恢复思绪。在这片刻停顿中，他找回了自己的话题，继续侃侃而谈。

然而在这思绪骤变的情况下，最好的挽救措施也许是：把刚才讲过的那句话的最后一个词或短语或所包含的观点作为一个起点，继续阐述下去。自然，它就会像坦尼森河那样连绵无尽延续下去。让我们看看这种方法是如何在实际中运用的。假如有一位演讲者对商业上的成功发表演讲，在讲到"因为缺乏工作热情，大部分工人不求上进而显得很不主动"的时候,他发现自己陷入了思维停滞状态。

最后一个词是"主动"。因此,你应以"主动"为开端。也许你不知道该说什么,或不知道到哪里结束,但你仍要说下去,这总比沉默要好得多。

"主动意味着创造性,要自主地完成工作,而并不是一味地听令行事。"

的确,这并不是一个极好的方法,它不会让这次演讲名垂青史,但它不是避免了尴尬吗?我们的最后一句是什么?——是"听令行事"。那么,我们就以此开始,继续阐述下去。

"对不能有自己思想的工人进行无休止的告知、引导和命令是最令人烦恼的事情之一。"

关于这方面,我就阐述到此。现在让我们再说一下另一方面:想象。想象是必不可少的。所罗门说过:"没有想象,就没有一切的存在。"

我们毫不犹豫地阐述了两点。让我们振作起来继续阐述下去:

商业上的激烈竞争,每年都会使工人人数不断减少,这真令人感到惋惜。我所说的惋惜,是因为如果工人们更多点雄心壮志,更多点热情,那么,这些人定会摆脱失败,走向成功。但商业上的失败只能说这是一个幻想。

诸如此类……当演讲者离开自己的中心思想大讲一些陈词滥调时,他应努力回忆暂时被遗忘了的演讲内容。

这种连续的链接方法如果不能及时中止,那么,它最终会让演讲者谈到布丁或金丝雀的价格之类的话题。但是,在遗忘的最初阶段,这为赢得时间提供了首要帮助。而且,事实也证明了这种方法挽救了许多濒临失败的演讲。

9. 如何突破记忆才能的局限

> 我们的头脑实质上是一台联想的机器。
> ——美国著名心理学家 威廉·詹姆斯

这一篇指出了，我们可以通过获得生动鲜明的印象、反复记忆以及联想的方法来提高记忆力。但是，正如詹姆斯教授所指出的，记忆实际上是一种联想。"对于提高总体上和根本上的记忆才能，我们是无能为力的。我们只能在某些相关的、系统的事物方面提高自己的记忆水平。"

例如，如果我们要记忆莎士比亚的引录，我们可能把文学引用的记忆水平提高到一个令人震惊的程度。而且，每一个引证都会让我们从头脑里回忆出相关事物。但是，即使记住了从哈姆雷特到罗密欧之间的一切东西，也无法对记忆市场上的棉花价格或生铁价格有所帮助。

让我们总结一下：如果我们能充分运用本篇所谈及的原理，那么，要记忆一千万个关于棒球的知识，也无助于对证券市场知识的一丁点儿记忆。因为这些没有关系的知识是不能联系到一起的。"我们的头脑实质上是一台联想的机器。"

小结

一、著名的心理学家卡尔·西肖尔教授说过:"普通人对于先天记忆力的利用不超过百分之十,其余的百分之九十由于不遵守记忆的自然规律而被白白地浪费掉。"

二、"记忆的自然规律"有三条,它们是:印记、复述和联想。

三、对自己要记的东西获得深刻、鲜明的记忆,你必须做到:

1. 全神贯注。这是西奥多·罗斯福拥有惊人记忆力的奥妙所在。

2. 仔细观察,得到准确的印记。大雾天气里,照相机拍不出好照片;对他人的印象模糊不清,是无法留下深刻的印记的。

3. 通过尽可能多的感觉来获取印记。林肯总是大声朗读他要记忆的东西,从而获得了视觉和听觉的印记。

4. 除了以上那些,最首要的还是去看。视觉留下的印象会持续一段时间。因为从眼睛到大脑的神经要比从耳朵到大脑的神经强大二十五倍。马克·吐温利用提示仍记不住他的演讲,但当他丢掉提示,改用图画形状来帮助记住每个要点的顺序,他的烦恼就自然地消失了。

四、第二条记忆的自然规律是反复记忆。成千上万的伊斯兰教学生要背诵一本相当于《新约》长的书——《古兰经》。他们是靠反复记来获取这种记忆能力的。其实,我们可以通过反复记忆来记住任何东西。但在反复记忆时,一定要记住:

1. 不要盲目地、机械地死记硬背。应该是回忆一两次,然后把它放下。回来后再回忆一下讲稿。采用间歇性的记忆方法,它会让你收到事半功倍的效果。

2．我们所学的新知识在最初的八小时里比随后的三十天里遗忘的还要多。因此在演讲前浏览一下讲稿,有助于恢复你的记忆。

五、记忆的第三条自然规律是联想。方法是把所有的事实组织起来再记忆。正如詹姆斯教授所言:"无论我们头脑中出现什么念头,记忆就会捕捉到早已存在大脑中相对应的事物……如果一个人经常对所接触的事物进行思考并把它形成一个有序的体系,那么这个人就有更好的记忆力。"

六、当你想把一新事物与头脑中其他的事物融合在一起,那么,你就要对这事物的不同角度进行思考。你可以询问以下问题并做出回答:"此事物为何会这样?它是如何形成的?它发生在何时?它发生在何地?是谁介绍的?"

七、要记住陌生人的名字,可以询问一下如何拼写之类的问题。而且要注意准确观察他人的外貌,把这形象与姓名联系起来。为确保记住其姓名,应使之转化为一个与其工作相联系的短语,就像那二十个陌生人在拜恩运动俱乐部的做法那样。

八、记忆日期时,要把它们与我们熟悉的重要日期联系起来。例如,莎士比亚诞辰三百周年是在内战时期。

九、要记忆演讲的要点,就要把这些要点按一定的逻辑顺序组织起来。而且,可以编制一些荒谬的句子把要点组织起来。例如:"一头牛吸着雪茄烟,钩住了拿破仑,房子连同宗教在大火中倒下。"

十、虽然做了以防万一的准备,但有的时候也会出现思维停滞现象。假如那样的话,你可以把刚才讲过的那句话的最后一个词或短语作为开头,继续阐述下去,直到找回暂时被遗忘的内容为止。

第五篇
演讲成功的要素

在公众演讲训练中,学员们获得的最珍贵的东西莫过于不断增强的自信,即对自己能力的信任。除了这一点,对于任何人的事业成功,还有其他比自信更重要的吗?

想着你的成功,想着你自己在公众面前演讲时泰然自若。你有这种能力而且容易做到。相信你定会成功。确信你能为成功而做所有必须的事情。

世界上有哪一种病不是经过循序渐进而治好的呢?

——戴尔·卡耐基

就在我写到这里时,今天,一月五日,正是欧内斯特·沙克尔顿逝世的周年纪念日。他当时乘坐"探测号"南下到南极洲考察,结果在途中离开了我们。如果你登上"探测号",首先映入眼帘的就是刻在黄铜板上的话:

　　如果你拥有梦想而不能实现,
　　如果你拥有思想却失去目标,
　　如果你既获成功,又受挫折,
　　而你对这仅付诸一笑;
　　如果你全身心投入到事业中去,
　　哪怕会永不复返;
　　如果你一无所有,
　　仍坚持对自己说"坚持";
　　如果你想让每分每秒都过得圆满无比,
　　如果你的胸怀宽广,能容纳整个世界,

那么，我的宝贝，你就是一个真正的男子汉。

　　沙克尔顿把这首诗称作"探测号精神"。的确，正是这种精神使一个人勇敢地奔赴南极洲，使一个人自信地发表演讲。

　　但我不得不遗憾地说，这种精神，并不是所有初学演讲的人都具备。多年前，当我刚开始从事教育事业时，我惊讶地获悉，一大部分参加各种夜校的学生因厌倦而中途辍学，数量之多真令人感到震惊和惋惜。这真是糟蹋人性的写照。

　　到此，这书你读的差不多已有一半了。据我的经验所得，有许多读者已逐渐失去了热情，因为他们还未战胜面对听众的恐惧心理并获得自信。对此，我只能深表遗憾。他们如此缺乏耐性真是无比可怜。世界上有哪一种病不是经过循序渐进而治好的呢？

1. 持之以恒的必要性

> 意志薄弱的人会因失望而中途放弃，而那些坚持不懈的则会突然地、不知何种原因就取得了巨大的进步。
>
> ——戴尔·卡耐基

当我们学习任何新事物时，如法语、高尔夫、公众演讲，我们都不可能一帆风顺、稳步前进，而是在逐渐的量变中，突然产生质的飞跃。而且，有的时候我们会停滞不前，甚至倒退，或者失掉了已经取得的成绩。这些停滞或倒退已为所有心理学家所熟知，他们称这种现象为"学习曲线中的高原"。学习公众演讲的学员，总有那么几个星期处于这"高原"上。无论他们如何用功，也无法避免这一阶段。意志薄弱的人会因失望而中途放弃，而那些坚持不懈的则会突然地、不知何种原因就取得了巨大的进步。他们好像一下子乘飞机离开了"高原"。刹那间，他们好像摸到了演讲的窍门，在演讲中获得了自信、镇定和力量。

也许，你可以像我们所谈及的那样，在面对听众的最初几秒钟内，会感到很紧张、很害怕。但当你坚持下去，你就会很快克服这种恐惧。几句话后，你就能游刃有余，乐在其中。

2. 确立永恒的目标

绝不放弃，哪怕是失败一百次。

——美国总统 亚伯拉罕·林肯

一次，有一位年轻人非常渴望学习法律，他写信给林肯征求建议。林肯回信说："如果你坚定决心要成为一名律师，那么你已经成功了一半多了……要把你的决定牢牢记在心上直至成功，这是最重要的。"

林肯之所以这样说，因为他总是这样做的。在他的一生中，他只接受了不到一年的学校教育。至于书本，他曾说过他要到离家五十英里的地方借阅。通常，他的木屋里会燃着火，在晚上他就借助火光来读书。而且，每当早晨天刚足够亮，他就翻身从树叶铺成的床上起来，揉揉眼睛，抽出书本来继续贪婪地阅读。

林肯要步行二三十英里去听一位演讲者做演讲。在回家后，无论是在田野里、树林里，还是位于金特里维尔的琼斯家的杂货店，他都坚持练习演讲。而且他还加入了新萨勒姆和斯普林菲尔德的文学和辩论协会，对当时的热门话题进行演讲，就像你们今天那样做。

然而，自卑情绪一直困扰着林肯。当面对女性时，他总是沉默和害羞。当他与玛丽·托德约会时，他总是默默地坐在那儿，局促不安地只是倾听着她讲话，而自己却找不出话题。可是，就是这个人，通过不断地练习和自学，使自己成为了出色的演说家，并打败了另一个出色的演说家——参议员道格拉斯。而且，也正是这个人，在葛底斯堡演说和第二次就职演说时，他的演讲已提升到历史上极少人能达到的水平。

毫无疑问，在面对困境和挑战时，他写道："如果你坚定决心要成为一名律师，那么你已经成功了一半多了。"

在总统办公室，有一张栩栩如生的亚伯拉罕·林肯的照片。西奥多·罗斯福曾写道："我经常要决定某些事情，有的时候我会被一些棘手的事情困扰，而且，这往往与权力和利益有关系。每当这个时候，我就会抬头看看林肯，设想一下他在此情景下是如何做的。也许这听起来好像很奇怪，但坦诚地说，这往往会使事情变得容易处理起来。"

当你学习演讲感到失望而打算放弃时，为何不试试罗斯福的方法呢？你可以从口袋里掏出一张印有林肯头像的五元钞票，然后问一下自己，在这种情况下，林肯会怎么做呢？你可以想象他会如何做。而且你也知道，在竞选美国参议院议员时，林肯被道格拉斯打败，但是他劝诫其拥护者"绝不放弃，哪怕是失败一百次"。

3. 努力定会有回报

> 如果他每时每刻都全身心付出，那么他终会实现自己的目标。
>
> ——美国著名心理学家 威廉·詹姆斯

每天早晨，当你吃完早餐时，我是多么希望你能打开此书，把哈佛著名的心理学家威廉·詹姆斯教授的这些话牢记在心上：

> 所有青年不应对他的学习结果心存疑虑，不管起点是高是低。如果他每时每刻都全身心付出，那么他终会实现自己的目标。总有一天，无论他选择了怎样的追求，他会发现自己已成为同龄人中的佼佼者。

现在，借鉴著名的威廉教授的这番话，我们也可以这样说：如果你充满热情地、坚持不懈地去练习演讲，那么总有一天，你定会发现自己成为当地杰出的演说家。

尽管这听起来有点异想天开，它却是一条真理。当然也有例外。如果一个人精神颓废、品格低下，又一言不发，那么，他决不会成功。至少在某种程度上，这论断是正确的。

下面，让我们再看看一个具体事例吧：

新泽西的前任州长斯托克斯参加了公众演说班在特伦顿举行的闭幕式宴会。他评论说当晚学员所做的演讲与华盛顿议员们所做的演讲一样精彩。实际上，这些演讲的学员都是商人，他们在数月前仍非常怯场，难于启齿。他们并不是新泽西商业领域的初创者，而是美国任何一个地方都能找到的普通商人。然而，正是他们，在某一天，突然成为了他们城市里杰出的演说家。

作为一个演说家，成功的因素主要有两个——你的先天素质，以及你的愿望的强度。詹姆斯教授说过："在大多数事情中，你对事情的热情程度是最重要的。如果你只是关心结果，那么你就会得到这结果；如果你想成为富人，那么总有一天你会很有钱；如果你想学识渊博，那么你定会学富五车；如果你想做个好人，那么你将会成为一个好人。所以，只要你精诚所至、心无旁骛、一心一意，那么你的理想定会变成现实。"那么，我们不妨这样说："如果你想成为一名自信的公众演讲者，只要你真的这么想，那么，你终将实现这一目标。"

我曾仔细观察过成千上万的人们，努力去获取公众演讲的信心和能力。那些获得成功的只有极少数，那是因为他们有不寻常的天赋。而对于大多数人来说，他们都是我们身边的普通人。然而，许多聪明人因为过于失望或沉溺于赚钱中，他们没能成功；但是那些普通人却因为矢志不渝最终站到了前列。

这都是非常合情合理的。难道你没看见这种情况在商业界和职业界中经常发生吗？老洛克菲勒曾说过，商业成功的首要因素是耐性，同样地，演讲也是如此。

福煦元帅曾率兵战胜过当时最强大的军队，他宣称自己只有一个优点：绝不气馁。

一九一四年，当法国军队撤退到马恩时，霞飞将军命令手下二百余万名将士停止撤退，开始还击。这场新的战役，成为世界历史上最有决定意义的战役之一。当这场战役持续了两天后，霞飞将军的上司福煦元帅给他发来了一封军事记录史中最重要的其中一份密电，上面写道："形势极佳，你令指挥部和我的权力屈服了，我准备还击。"

随后，这一还击拯救了巴黎。

所以，当战争处于最困难、最令人绝望之时，当你的指挥者让步，放弃权力时，这是"最佳时期"。还击！还击！再还击！你将会赢得自己最珍贵的东西——勇气和忠诚。

4. 攀登"荒芜的凯瑟"的信念

> 想着你的成功，想着你自己在公众面前演讲时泰然自若。
>
> ——戴尔·卡耐基

数年前的一个夏天，我到奥地利阿尔卑斯山去攀登一座叫"荒芜的凯瑟"的山峰。贝蒂科认为这次攀登十分困难，因此，对于我这个业余爱好者来说，有一个向导是非常必要的。

但是，我们（贝蒂科和我）并没有去找向导。因此，有一个人询问我们是否会认为自己能够成功，我们异口同声地答道："当然。"

那人又问："是什么令你那么有自信呢？"

我说："有一些人不用向导也能成功。所以，我认为在某种程度上我们也能做到。而且，我从来不背失败的包袱的。"

作为阿尔卑斯山的登山者，我无疑是一个新手。但是，无论是参加演讲还是勇攀山峰，我都有一种正确的心态。

想着你的成功，想着你自己在公众面前演讲时泰然自若。

你有这种能力而且容易做到。相信你定会成功。确信你能为成功而做所有必须的事情。

杜邦将军在没有依命令把炮舰驶进查尔斯顿港口时，向法拉格特司令陈述了数条充分的理由。法拉格特司令认真地听完后，回答道："你还忽略了一条理由,将军阁下。"

"哪一条理由?"杜邦将军问道。

法拉格特司令回答说:"你自己不相信自己能做到。"

在公众演讲训练中,学员们获得的最珍贵的东西莫过于不断增强的自信,即对自己能力的信任。除了这一点,对于任何人的事业成功,还有其他比自信更重要的吗?

5. 取胜的意志

> 除非你的能量耗尽，否则，总有一天你定会胜利。
>
> ——加拿大诗人 罗伯特·瑟维斯

以下是已故的阿尔伯特·哈伯德所提出的一些睿智建议，我禁不住为大家选下来。如果普通的我们能把其中的智慧运用到生活中去，那么，我们的生活将会更加幸福、灿烂。

当你出门的时候，收起下巴，抬起头，极大限度地收起肚子。你要在阳光下潇洒自如，微笑着与朋友打招呼，真诚地与朋友握手。不要担心有所误解，也不要在你对手身上浪费任何时间，你要在头脑里确认你确实喜欢什么，然后，毫不受外界干扰，向你的目标勇往直前。你要致力于你喜欢的那伟大而光荣的事业。假以时日，你会无意间拥有理想的机遇，就像珊瑚虫在奔涌的浪涛间获取它们所需的东西。在你的头脑中勾画出一个有才能的、热情的且有价值的自我，并时刻走向那个独特的形象……人的思想是至高无上的。你要保持一种正确的精神状态——充满勇气、真诚和激情，要知道正确地思考意味着创造。所有的一切都源于你心中的愿望，而虔诚的人将会得到回报。你定能实现心中的理想。所以，请收起你的下巴，抬起头，相信你自己就是蝴蝶蛹里的生灵。

拿破仑、威灵顿、李、格兰特、福煦——所有这些伟大的军事将领都认识到，军队获胜的决心以及对自己能力的信心，是取得胜利的最重要因素。

福煦元帅说过："九万个失败的士兵绝对打败不了九万个胜利的士兵，因为前者已背上沉重的负担，他们不再相信胜利，在最后的意志对抗中，他们已经沮丧泄气了。"

换言之，那九万个失败的士兵并不是身体遭受打击，而是精神上遭受打击。因为他们已失去了勇气和自信。像这样的军队是没有希望的，同样，像这样的人也是如此。

美国海军的著名牧师弗雷泽，在"一战"期间曾面试过许多立志献身于牧师工作的人。当问及他成为一个成功的海军牧师所要具备的条件时，他以四个"G"开头的单词来回答："仁爱、机智、刚毅和勇气。"

这些也是演讲获得成功的条件。你应以此作为你的座右铭。同时，你也应以罗伯特·瑟维斯的这首诗作为战歌。

> 当你迷失在荒野中，你会像一个受惊的孩子。
> 死神在你眼前摇晃。
> 你艰难疼痛，
> 你就要扣动扳机……结束自己的生命。
> 但有个声音高喊："你要努力战斗。"
> 于是，你的生命得以保留。

在饥饿与痛苦中,自杀并不难受……
可地狱的早餐你不可轻易享用。

你厌倦了这游戏!"对了,那是你的耻辱。"
你年轻、勇敢且机智。
"你受到了不公正的待遇!"我知道——但你毋需抱怨。
振奋起来,尽你的能力去战斗。
除非你的能量耗尽,否则,总有一天你定会胜利。
所以,不要成为一个胆小鬼,我的伙伴!
你要咬紧牙关,决不轻易放弃。
高昂你的头是你的追求。

被击倒后然后等待死掉很容易,
退缩也是很容易。
但在看不到希望时,你还是要继续战斗。
为什么?因为这是人间最美好的写照。
虽然每次都饱经风霜,
你早已伤痕累累,充满忧伤。
但让我们再次挺起胸膛——轻易的是死掉。
困难的是在生活中显示刚强。

小结

一、当我们学习任何新事物时，如法语、高尔夫、公众演讲，我们都要循序渐进，我们在突然产生的质的飞跃中不断进步。也许有的时候，我们会停滞不前，或者失掉已经取得的成绩，心理学家称这种停滞现象为"学习曲线中的高原"。也许我们在长时间里不断努力，但仍未能离开那"高原"再升到新的高度。有一些人不能认识到人进步的这一特殊过程，他们在"高原"上失去信心，甚至放弃所有努力。这真令人感到遗憾。因为如果他们坚持下去，不懈地练习，那么，他们会发现自己好像一下子乘飞机离开了"高原"，突然间进步神速。

二、在开始演讲之初，你是无法避免那紧张与恐惧的情绪的。但当你坚持下去，你会很快克服这种恐惧。几秒钟后，恐惧就会完全消失。

三、詹姆斯教授曾指出一个人不应对他的学习结果心存疑虑。如果他全身心投入，那么"无论他选择了怎样的追求，他会发现自己已成为同龄人中的佼佼者"。这位哈佛著名的心理学家所阐述的心理学上的真理，完全可以应用到演讲中来。一般而言，用这种方法取得成功的人并不是有特别的天赋，而是有坚强的毅力和顽强的决心。他们坚持不懈，他们就能成功。

四、想象着你演讲的成功，那么你就会做任何为达到成功而必须做的事情。

五、如果你想到失去信心,那么你就像西奥多·罗斯福那样看看林肯的照片,问一下自己,要是林肯处在自己的境况下会如何做。

六、"一战"期间,美国海军著名的牧师弗雷泽指出要成为一个成功的海军牧师应具备四个以"G"开头的词。它们是什么呢?

第六篇
优秀演讲的奥妙

在演讲中,影响其效果的不单单是文字表达,还有演讲的风格。"最重要的不是你讲些什么,而是你怎样去讲。"

真诚、热情和诚挚对你也有巨大的裨益。当一个人在其感情支配下时,他就会展现真正的自我,到时你心中的热情将会把所有障碍燃烧,你的言行举止将会显得更自然。

> 在大学辩论演讲中，获胜的往往不是拥有最好材料的人，而是那些善于表达材料，使人听起来绝对完美的那些人。
>
> ——戴尔·卡耐基

在"一战"结束后不久，我在伦敦碰见了两兄弟，罗斯先生和凯恩先生。他们刚完成从伦敦到澳大利亚的首次飞行，刚赢得了澳大利亚政府提供的五万美元奖励。这一事件引起了整个大英帝国的轰动，他们两兄弟也被授予了爵士爵位。

著名的摄影师哈雷机长陪伴他们飞行了一段路程，并拍下了许多行进中的照片。于是，我就开始帮助他们准备一次附有图片说明的、关于飞行的演讲，并对他们的演讲进行指导。这一次工作都在伦敦的爱乐礼堂进行，在长达四个月时间内，我们每天排练两次：一次在下午，一次在晚上。

毋庸置疑，他们兄弟俩有着相同的经历，他们曾肩并肩地坐在一起绕地球飞行半圈，同样，他们的演讲稿也是相同的，一字不差。但是，即使是这样，他们的演讲听起来却大相径庭。

在演讲中，影响其效果的不单单是文字表达，还有演讲的风格。"最重要的不是你讲些什么，而是你怎样去讲。"

曾有一次在公众音乐会上，我坐在一位年轻的女士旁边，她正在看着乐谱。当帕德雷夫斯基演奏着肖邦的《玛祖卡舞曲》时，她显得很困惑。她感到不可思议，帕德雷夫斯基演奏的曲子与她曾演奏的一模一样，但她的演奏则显得平庸无华，而帕德雷夫斯基的演奏则是天籁之音，吸引着所有的听众。这并不是因为弹奏的乐谱的问题，而是演绎的方式、演绎的感觉，是艺术与人格的魅力。这就是平庸与天才的区别所在。

俄罗斯伟大的画家布鲁洛有一次纠正了一个学生的作品。这个学生看着修改后的作品，无比惊讶地说道："为什么，你只修改了一个小小的地方，而整幅画就迥然不同了呢？"布鲁洛回答说："艺术源于每一个细节。"这是绘画与演奏的真谛，同样也是演讲的真谛。

英国议会长期流传着这样一句老话："一切事情不是决定于其本来面目，而是取决于如何表达它的本来面目。"这句话是很久以前英格兰尚属罗马殖民地时昆提连所讲的。

就像许多古老的谚语那样，我们必须正确对待这句话。但是，好的演讲的确会让简单的事情变得丰富多彩。我常发现，在大学辩论演讲中，获胜的往往不是拥有最好材料的人，而是那些善于表达材料，使人听起来绝对完美的那些人。

莫利勋爵从犬儒哲学中阐述说："演讲的三个要素最重要：谁演讲，怎样演讲，演讲什么——而在这三者中，第三个要素是最次要的。"这可能有点言过其实，但究其实质，你会发现其中的道理所在。

埃德蒙·伯克所写的演讲稿极富逻辑性，论证充分。所以，今天它们已被全国一半的大学作为演讲范例而学习。可是伯克，作为一名演讲者，却屡遭失败。他缺乏演讲的能力，无法使演讲变得生动有趣。

于是，众议院里许多人称他为"晚宴之钟"。当他起来发言时，其他议员就会咳嗽不停、左顾右盼，甚至三五成群地走掉。

你可以用力把一个小钢球掷向他人，但你不能在他的衣服上留下任何痕迹。但是如果你用一把枪，即使把子弹换成一根油脂蜡烛，也能穿透一块松木板。我不得不遗憾地说，一个"油脂蜡烛式"的演讲因为有了有力的表达，比一个"钢球式"但没有力量的演讲更能给人留下深刻的印象。

因此，要认真对待你的演讲。

1. 优秀演讲究竟是什么

　　优秀的演讲是要让听众感到与演讲者之间有一种身心的沟通与交流。

——戴尔·卡耐基

　　当一个百货店"出售"商品时它都做了些什么？送货司机只是把运货箱送到后院去就行了吗？仅仅把手中的物品分发出去就表示"出售"完了吗？无线电工作人员把信息直接传给指定的人们。但演讲者也是如此做法吗？

　　下面让我们通过例子看看人们是如何用特有的方式进行演讲的。一次偶然的机会，我到了瑞士的阿尔卑斯山上的夏季旅游胜地。我当时下榻到一家由英国公司经营的旅店。在这里，每个星期都有两次来自英国的演讲。其中有一位演讲者是英国著名的小说家，她演讲的题目是《小说的未来》。她坦诚地说演讲主题并非她自己选的，而演讲的长短取决于她所知道的、值得讲的东西的多少。演讲前，她只是匆忙地做了一下凌乱的笔记。而且，当她立在那里时，漠视听众的存在，甚至不看他们一眼，时而望着天空，时而望着笔记，又时而望着地板。她飘忽的眼神以及仿佛来自远处的声音使演讲变得空洞无味，失去了意义。

这样的讲话根本不算演讲,它只能算是独白。因为它缺少交流。而有效交流正是优秀演讲所必不可少的因素。优秀的演讲是要让听众感到与演讲者之间有一种身心的沟通与交流。因此,刚才提及的那个讲话就犹如来自一个杳无人烟的戈壁沙漠,显得枯燥乏味。事实上,那样的讲话好像是对着某个角落,而不是对着一群有血有肉的人。

实际上,演讲是一个既简单又复杂的过程,但这一过程常被人误解和滥用。

2. 优秀演讲的奥妙

> 你应加强和提高你演讲的自然风格,以至于听众不会认为你是受过演讲训练的。
>
> ——戴尔·卡耐基

关于演讲,已经有许多毫无意义的陈词滥调,它们往往披着各种理论外衣,使人感到神秘不可理解。传统的"演说术",常被上帝和世人视为可憎之物,真让人感到可笑。而且,到书店或图书馆找到的关于演讲的书籍也无甚大用。虽然在许多方面都有改进,但一些学生仍在记诵韦伯斯特和英格索尔的有名演讲稿——一些已经背离了当代风格和精神的讲稿。这就正如又重新拾起韦伯斯特太太和英格索尔太太的帽子一样。

自内战后,一种全新的演讲学校如雨后春笋般涌现出来。它们如电报一样代表着时代的潮流,而那些曾经是时尚的修辞方法将不会再被公众所忽视。

无论是在小型的商务会议上还是在大型的厅堂内演讲,当代的听众都希望演讲者以谈话的方式进行演讲,就如私人谈话的方式那样。

虽说是用这样的方式,但并不是说用私人谈话的小声音,要是那样的话,听众就难以听清楚其所说的内容。因此,为了使演讲显得更自然，演讲者应用面对四十个人讲话的声音来对一个人讲话，正如楼顶的雕像，为了让楼下的观众获得正常大小的感觉，而必须雕成一个较大的尺寸。

马克·吐温在内华达州采矿工地上演讲结束后，有一位老工人走上前去问他："这就是你演讲的正常语调吗？"

言下之意就是说："请用你的正常语调。"也就是让他再提高声音。

对着"社区福利基金会"演讲犹如对着约翰·亨利·史密斯讲话。到底社区福利基金会是什么？它只是史密斯先生的一个组织。因此，对着史密斯与对着他们全部人不是一样的吗？

上文我描述了一位小说家的演讲经历。几天后，在同样的房间，我又听了一位名叫奥利弗·洛奇先生的关于"原子与世界"的演讲。对于这一主题，他已有半个多世纪的思考和研究，并做了大量的试验和调查。所以，这些内容已成为他生命的一部分，有许多东西他都很想说。感谢真主，他的确忘记了这是一场演讲，这决定了他不会紧张。他只是沉浸在"原子"之中。他用自己的眼睛和心灵告知我们他知道的一切，而这一切是那么的准确、清晰和感性。

结果如何呢？他的演讲获得了巨大成功，他的魅力和震撼力给人留下了深刻的印象。他是一个不寻常的演说家。但我相信，他本人未曾意识到这一点，而听他演讲的人根本没有把他当作一名出色的演讲者。

读完这本书后，如果在你演讲时，公众明显地觉得你是受过培训的演讲者，那么就辜负我的期望了。你应加强和提高你演讲的自然风格，以至于听众不会认为你是受过演讲训练的。正如一个好的玻璃窗只让光线透过去一样，一个好的演讲者应让听众专心于他的演讲内容，而不是他的演讲形式。

3. 亨利·福特的建议

> 每个人都应充分发挥自己独特的个性，实现自我，塑造杰出的自己。
>
> ——戴尔·卡耐基

"世界上所有的福特汽车都是相似的。"福特汽车创始人亨利·福特曾这样说，"但是世界上没有两个完全相似的人。每一个新生命都是太阳底下的新生物，以前没有类似的，将来也不会有类似的出现。每一个年轻人都应把这种思想铭记于心，并发掘和发展自己与众不同的闪光点。然而，社会与学校却试图抹杀它来塑造统一的模式。但我要指出的是，珍惜你们的闪光点，这是你走向成功的唯一资本。"

这对于演讲来说更是如此，世界上没有任何人像你。虽然大家都有两只眼睛、一个鼻子、一张嘴巴，但彼此各不相同。同时，每个人都有自己的优点、思维方式和社会角色。因此，每个人的演讲应是独具一格的。总而言之，你有自己的个性。作为一个演讲者，这就是你珍贵的资本。你要好好地抓紧它，珍惜它，发展它，它是你演讲的力量源泉，是你走向成功的资本。

奥利弗·洛奇先生的演讲与众不同，这是因为他本人就与众不同。他的演讲风格是他个性中必不可少的一部分，就像他的胡子和光头那样。要是他去模仿劳合·乔治，那么他准会失败。

一八五八年，在伊利诺伊州的草原城镇发生了美国历史上最著名的辩论，辩论双方是参议员道格拉斯和林肯。林肯高大而笨拙，而道格拉斯矮小但优雅。正如他们的体形那样，他们的人格、心态以及性情都大相径庭。

道格拉斯极有教养，林肯曾是一个穿短袜出门的乡下小子。道格拉斯举止优雅，林肯则是笨拙难看。道格拉斯毫无幽默感，林肯却是当时著名的小说家之一。道格拉斯总不说笑，林肯则不断地用独白和例子进行论证。道格拉斯傲慢专横，林肯则是谦卑仁慈。道格拉斯思维敏捷，林肯则是反应迟钝。道格拉斯演讲气势如虹，林肯则是平静而深刻。

两人虽截然不同，但他们都有足够的勇气和信念做到真正的自我，同样成为杰出的演说家。如果他们尝试模仿别人，那么他们定会遭到失败。因此每个人都应充分发挥自己独特的个性，实现自我，塑造杰出的自己。

说起来容易做起来难。就像福煦元帅曾评述战争的艺术那样："战争艺术在概念上是那么简单，但实际上是那么艰难。"

在公众面前显得泰然自若是需要练习的。演员们对此深有体会。当你还是个四五岁的小孩时，你会非常自然地在观众前的舞台上背诵台词。但当你二十四岁甚至是四十四岁时，你还会那样自如地站到舞台上背诵吗？你还能保持四岁时的无意识自如吗？也许你会因为钱财而做到了，但那是多么僵硬、做作和机械，像是挣扎中的乌龟缩回自己的头。

对人们进行演讲训练并不是要强加他们某种东西，而是要帮助他们尽量排除各种障碍，释放自己，并在各种干扰下以一种自如的状态展现给听众。

曾有无数次，在学员演讲的中途，我都会打断他们，恳请他们要"自然一些"；曾有无数个晚上，我身心疲劳地回到家里，因为我要训练他们自如地演讲，但是可以说，这绝对不是件容易的事情。

但天底下能获取自如的唯一途径只有不断地练习。当你在练习的时候，如果你觉得自己很做作，那么，你就应停下来，反省一下："注意！出了什么问题了？快恢复过来，保持自然的心态。"然后，你可以从后排中选择一个最没精打采的听众与他交流，而不用在意其他人的存在。假设他向你提出了一个问题，你向他解答；如果他站起来，那么你就得认真回答他。这样的交流会使你的讲话显得更亲切、更自然、更直接。因此，假想在演讲中很重要。

在演讲中，你不妨做一些设问。例如，在你的演讲中，你可以说："对于这一点，你们可能会问我有何例证呢？这里，我可以为大家做充分的例子证明……"然后，你就可以对这个问题做出回答。如果你对这类的做法运用得很自如，那么它可以打破你演讲的单调性，使演讲更直接，令人备感愉悦和自如。

真诚、热情和诚挚对你也有巨大的裨益。当一个人在其感情支配下时，他就会展现真正的自我，到时你心中的热情之火将会把所有障碍燃烧，你的言行举止将会显得更自然。

因此，最后我们还是要把结论回到重复多遍的那句话上，即"把你的身心投入到演讲中去"。

布朗博士在耶鲁神学院做关于布道的演讲时说过："我永远不会忘记我的一个朋友对参加伦敦城里的一个布道时所做的描述。当时，布道者是乔治·麦克唐纳。在那天早晨，他读了《希伯来书》的第一个章节。当布道开始时，他说：'你们已经听说过这些忠诚之士了。那么，我不打算再告诉你们什么是信念。因为神学教授们比我更清楚这一点。在这里，我的责任就是帮助你们相信并接受它。'于是，接下来，他向众人真诚而庄严地展示了其内心世界永恒的信条，并引起了所有在场者身心的强烈共鸣。他的灵魂已献给了他的事业，他的内心至善至美，为他的演讲赋予了无穷的力量。"

"他的灵魂已献给了他的事业。"这正是演讲的奥妙所在。然而，我知道，这种建议不会受广泛关注。因为它含糊、不确定。大多数学生更喜欢具体确定的方法，然后他可以直接操作，就像驾车一样。

这是大家的心愿，也是我愿为大家提供的东西。因为它会带给大家便利，也会带给我便利。确实有许多具体方法，但是令人遗憾的是它们并不实用，它们只会让你痛失自然和本色。在此之前，我曾浪费大量光阴去寻找那些方法，但这一切都徒劳无功。正如乔希·比灵斯所说的那样："去了解那么多无用的东西是毫无意义的。"

4. 你在演讲中会做到这些吗

> 许多原理你可能已经在日常谈话中运用过了，只不过像昨晚吸收消化食物一样没有意识到而已……只有通过不断地练习，我们才会在公众演讲中达到这种境界。
>
> ——戴尔·卡耐基

在此，我们将会讨论一下自如的演讲中的要点，以求更清晰、更鲜明地掌握它们。其实，我本不打算这样做，但是，因为有一些人错误地认为："哈，我明白了。只要我迫使自己去做，我定能取得成功。"不，并非那样。迫使你自己去做的话，你将会变得呆板而木讷。

有许多原理你可能已经在日常谈话中运用过了，只不过像昨晚吸收消化食物一样没有意识到而已，而这种无意识正是运用这些原理的唯一方法。所以，正如我们所说的，只有通过不断地练习，我们才会在公众演讲中达到这种境界。

第一，强调关键词，弱化非关键词

在谈话中，我们会非常强调单词中的一个音节，然后把其他音节迅速略过。就像一辆需付钱乘坐的小车在一群流氓面前飞驰而过似的。例如：MassaCHUsetts, afFLIC tion, atTRACtiveness, enVIRonment. 在一个句子里,我们同样也强调句中的一两个关键词,它们就如纽约市第五大街的帝国大厦那样突出。

我并没有把这种情景描述得过于离奇,需要指出的是,这种情景时刻都在发生,也许在昨天,你已经这样做了上百次、上千次,而且,毫无疑问,明天你还会继续这样做下去。

下面举一个例子,请阅读以下引文,大号字要重读,其他的弱读,看看有何效果。

无论我做什么事,我都获得了**成功**,因为我**渴望**如此。
对于上天赐予的**机遇**,我会**毫不迟疑**地抓住。

——拿破仑

这种阅读方式并不是唯一的,每个人都可能有不同的读法。因此,并没有一成不变的强调规则,一切都要视情况而定。

请用真情实感来阅读以下节选,并尽量读懂它的中心思想,然后思考一下,你是否强调了某些关键词而弱化了其他词呢?

如果你认为你已经失败了,那么,你就失败了。
如果你认为你不敢去做,那么,你就不能去做。
如果你渴望成功,但你认为自己不行,
那么你必定不会成功。
生活的战斗并不只属于那些强大的人,
但取得成功的人必定是坚信自己的人。

——阿伦

也许，对一个人来说，没有什么比矢志不渝更重要了。如果你想成为一个伟人，或者有所成就，那么，你要切记，你不单要战胜无数的艰难险阻，更要承受无数的挫折与反复。

——西奥多·罗斯福

第二，改变你的语调

在谈话中，我们的语调时高、时低或又正常，而且，这种情况就像大海海面一样，永不停歇。为什么会这样呢？没有人知道，也没有人关心。这种变化使人愉悦，也是一种自如的表现。我们从没有意识地去学，在孩童时就不知不觉地学到了。然而，当我们面对听众时，我们的语调变得那样单调乏味，犹如内华达州的碱性沙漠一样。

当你发现演讲时语调单一时——这时通常是音比较高，你不妨停顿下，默默地想想：我现在就像一个木头人，但我正同人们谈话，我应该恢复自然。

这样的告诫对你会有所帮助吗？也许只有一点点。但是，停顿本身是有用的。所以，你必须在平时找出相应的解救方法。

你可以用突然提升或降低语调的方法来突出某个词或短语。布鲁克林的著名的基督教公理会牧师S.帕克斯·卡德曼博士就经常这样做。还有奥利弗·洛奇、布赖恩、罗斯福等，几乎每一位演讲家皆是如此。

在下面的引文中，用较低的语调阅读加黑字体，看看会有什么效果？

我有一个优点，那就是**永不言败**。

—— 福煦元帅

> 教育的最大目的不是知识，而是**行动**。
>
> ——赫伯特·斯宾塞

> 在八十六年生涯中，我目睹了许许多多人走向**成功**。而使他们**成功**的因素中，最重要的是**信念**。
>
> ——吉本斯

第三，改变你的语速

当一个孩子在说话时或者我们在平常谈话时，我们总是不断地改变着语速。这种行为是令人愉悦的，是自然的，同时也是无意识的，并对某些语句起着强调的作用。事实上，它也是突出语意的最好方法之一。

沃尔特·B.史蒂文斯在其由密苏里州历史研究会出版的《记者眼中的林肯》中说道，改变语速是林肯最钟爱的表情达意的方法之一。其中，他写道：

> 对于非关键词，林肯会一带而过；但到了关键词，他会特意放缓语速，提高语调，然后又闪电般地把其他非关键词说完。他在一两个重要词语上会花费五六个非重要词语的时间。

这种方法会引起听众的注意。例如：在公众演讲中，我常引用红衣主教吉本斯的文字，我想强调信念这个中心思想。于是，我就会在"信念"这个词上放慢语速，突出它，就像我自己被深深打动一样——其实也是如此。请大声朗读以下选段，尝试变化一下语速，看看其效果如何？

就在逝世前夕，红衣主教吉本斯说道："在八十六年生涯中，我目睹了**许许多多人走向成功。而使他们成功的因素中，最重要的是信念。缺少信念，任何人都无法成功。**"

请试试：请用快速、无所谓的语气读一下"三千万美元"，听上去感觉只是一笔小数目而已。现在，缓慢地有所感触地再读一下"三万美元"，你会感到惊讶，这是如此大的一笔钱。很明显，两种读法使"三万美元"比"三千万美元"听上去还要多。

第四，在重要地方的前后稍作停顿

林肯在演讲中经常会稍作停顿。要是他要讲一个重要的话题，而且希望能给听众留下深刻的印象时，他就会身体稍作前倾，注视着听众的眼睛，一言不发。这种突如其来的停顿犹如突然爆发的声音，吸引了大家的注意力。它使每个人全神贯注，恭听以下的内容。例如，他和道格拉斯的著名辩论到达尾声时，所有的迹象都显得对他不利。他显得很沮丧，那惯有的忧郁不时地写在脸上，并给他的演讲披上了伤感的色彩。在他的总结性发言中，他突然停下来，默默地站着，环顾四周，注意着那些半陌生、半友好的面孔。他那深陷、疲惫的眼睛似乎满含泪水。他摊开双手，好像已厌倦这无助的战争，他用特别单调的声音说："我的朋友们，无论是道格拉斯还是我当选为美国参议员都不重要了。但是，今天，我们提出的伟大方案将会超越任何个人利益和个人政治财富。而且，我的朋友们，"说到这儿，林肯又停顿下来，听众们全神贯注地听着每一个词，林肯又接着说，"这个方案将会与世长存，即便道格拉斯和我静静地躺在了坟墓里。"

林肯的一位传记作者写道："这些朴素的话语以及表达方式，深深地触动了听众的内心。"

在要强调的短语后面,林肯也会稍作停顿,通过这样的停顿方式,更能增加句意的表达力量和效果。

在演讲中,无论是重要观念的前或后,奥利弗·洛奇爵士常会做一下停顿,甚至在一句话中停顿三四次。但是,他是自然地、无意识地去做的。如果你不是有意地分析他的演讲方法,你是不会发现这一点的。

吉卜林说过:"通过停顿,你能达到说话的目的。"在演讲中,明智地做出停顿是很重要的。它是演讲的有力武器,绝不能等闲视之,然而,这一点常被演讲初学者所忽视。

以下是霍尔曼演讲的节选,在可能停顿的地方我都做了标记。当然,这并不是唯一的,或是最好的停顿方法,我只举了其中一种。其实,在哪个地方停顿并没有严格的规定,这要视所表达的意思、感情而定。也许,今天你在这儿停顿,明天你就会在另一个地方停顿。

读下面的节选,先不加停顿地大声朗读一遍,然后再根据标记,有停顿地读一遍。体会一下它们有什么不同效果。

销售商品是一场战争,(停顿下来,让"战争"一词深入听众心里)但只有奋斗者才会赢取胜利。(停顿,让此观点深入人心)也许,我们可能并不喜欢这种情形,但对此,我们无法改变,(停顿)当你加入销售行业时,你一定要满怀信心和勇气。(停顿)如果你不能这样做,(做较长的停顿,制造悬念)每当遇到打击时,你就会走向失败,一无所获。(停顿)曾打出三个本垒打的人是不会害怕任何一个掷球手的。(停顿,让听众思考)记住这一点,(做较长的停顿)那些打出本垒打或全垒打的人总会一步步走向胜利。(停顿,增加悬念:演讲者会如何评价这一出色的棒球手呢?)只要他满怀坚定的决心。

请大声地有感情地朗读以下引文,看看你会在哪些地方自然地停顿下来。

美国最大的沙漠不是在爱德华、新墨西哥或亚利桑那州,而是在人们的头脑中,美国的大沙漠不是现实里的沙漠,而是头脑中的沙漠。

——J.S. 诺克斯

世界上没有包治百病的万能药,如果要有,那就是公众的赞扬。

——福克斯韦尔教授

有两个人我不敢得罪——一个是上帝,一个是加菲尔德,现在,我必须与加菲尔德生活在一起,而死后,我必须和上帝生活在一起。

——詹姆斯·A.加菲尔德

在采纳我在本书中提出的建议后,有些演讲者仍会遭到失败。也许在演讲中,他的确如谈话那样,不时地发出不和谐的声音,出现一些语法错误,或者显出笨拙的样子或做一些令人不悦的事情。如果一个人在日常交往中的言行举止都需要大力改进,那么在改善后,你方可把它运用到演讲中来。

小结

一、在演讲中，影响其效果的不单单是文字表达，还有演讲风格。"最重要的不是你讲些什么，而是你怎样去讲。"

二、许多演讲者漠视听众的存在。他们时而望着天空，时而看着地板，这犹如在独白，因为它缺少交流，并没有让听众与演讲者进行身心的沟通。这样的做法不但会影响谈话效果，也同样会破坏一次演讲。

三、优秀的演讲需要谈话时的语调和直截了当的表达，对着福利基金会演讲犹如对着约翰·亨利·史密斯讲话。到底社区福利基金会是什么？毕竟，它是一个收容组织。

四、每个人都有演讲的才能，如果你对此怀疑，你可以自己尝试一下，击倒你认识的最无知的那个人，当他站起来时，他肯定会说一些话，而他说话的方式毫不造作。其实，在公众演讲中，我们就是需要这种自然的语态。然而，要完善它，你必须坚持练习。而且，你千万不能模仿别人。你自然地演讲，那么就会有自己的风格，也就与其他人有所不同。因此，要在演讲中融入你的个性、你的特点，这是你成功的资本。

五、当你对听众演讲时，你会觉得听众也在跟你谈话，好像他们也在向你提出问题，你要马上认真地回答。因此，要想象一下他向你提出问题，而你正在作答。在演讲中，你可以设问一下："对于这点，我有何例证？这里，我可以告诉你们。"……这些设问会显得很自然。它会打破你过于正规的措辞，让你的演讲更富热情，更富人性。

六、把你的身心投入到演讲中去。真诚和热情比所有的基督教规更有效。

七、在日常谈话中，我们已无意识地运用到以下四个方法，但是，在公众演讲中，你能做到吗？其实，许多演讲者仍未能做到。

1．在演讲中，你是否强调了关键词，弱化非关键词呢？你是否把所有词，包括"一、和、但"(the、and、but)这些词都用同样的语调来吸引听众呢？还是在说句子时就像读单词 MassaCHUsetts 那样有重、有轻呢？

2．在演讲中，你的语调是否会时高时低或时而恢复正常——就像一个小孩子说话时那样呢？

3．在演讲时，你是否不断改变语速，对非关键词一带而过，而对关键词则放缓语速来突出它呢？

4．在重要的地方的前后你是否会稍作停顿呢？

第七篇
台风与个性

如果你想充分展示你的个性,那么在面对公众之前,你一定要好好休息。因为一个疲惫的演讲者是毫无吸引力的。

除非有太多听众或某个必要的原因,演讲者应尽量避免登台而讲,而应打破常规,靠近听众,拉近彼此间的距离,营造和谐的氛围,让演讲对话化。

> 尽管个性是与生俱来的，但是不管怎样，我们应充分利用这一财富。这对每个人来说都是非常重要的。
>
> ——戴尔·卡耐基

卡耐基技术协会曾对一百名杰出的商人进行智力测试，这些测试与战时在军队中使用的大致相同。测试结果反映：在促成商业成功的诸因素中，个性比高智商更重要。

这是一个具有深远意义的发现：无论是对商人、教育工作者、专业人士还是演说家都有巨大的意义。

个性——除了准备之外——也许是演讲中最重要的因素。阿尔伯特·哈伯德宣称："在雄辩中，不是内容制胜，而是表达形式。"更确切地说，应该是形式加思想。然而个性是一种含糊的，无法表达的东西，不能像分析紫罗兰的花香去分析它。其实，它是人的各方面的综合反映：外貌、精神、心理、品质、爱好、意向、性情、体魄、经验、训练等整个生活内容。这正如爱因斯坦的相对论那样复杂而令人感到费解。

个性是由遗传和环境决定的，而且很难去改变或改善它。但是在某种程度上，我们可以有意识地使其更有力量，更富魅力。尽管个性是与生俱来的，但是不管怎样，我们应充分利用这一财富。这对每个人来说都是非常重要的。因此，它是值得很好地探讨和研究的。

如果你想充分展示你的个性，那么在面对公众之前，你一定要好好休息。因为一个疲惫的演讲者是毫无吸引力的。不要把演讲准备拖到最后一刻才去匆匆完成，要是那样的话，你的身心肯定会因疲惫而被拖拽，同时会使你的体力与脑力大打折扣。

如果你下午四点要在委员会会议上做重要演讲，那么在吃完轻便的午餐后休息片刻。休息，无论是对你的身体和精神都是必要的。

杰拉尔丁·法勒通常很早就与她的朋友说声"晚安"就去休息了，只留下他们与丈夫交谈。因为她清楚这是她艺术工作的要求。

诺迪卡女士曾说过，作为首席演员就意味着要放弃许多东西：社会事务、朋友、诱人的美食等。

当你要做重要演讲前，你要注意你的饮食。应像圣人那样节俭用餐。为了晚上的演讲，每逢周日下午五点，亨利·沃德·比彻通常只吃些饼干，喝些牛奶而别无其他了。

梅尔巴女士说："每当晚上有演讲时，我在五点钟只是稍微吃点东西，一些鱼肉、鸡肉或者肝脏，再加一个烘过的苹果和一杯水。当演出完回家后，我总是觉得饥肠辘辘。"

梅尔巴和比彻的做法多么明智啊！我直到成为一名职业演讲家（在饱餐后要做两个小时演讲），才意识到这一点。经验告诉我：在饱餐牛排、法式炸土豆、沙拉、蔬菜、甜点心之后的一个小时，人是很难自如地发表演讲的。因为血液大都流到胃里帮助消化食物了。帕德雷夫斯基说得对：当他在音乐会前大快朵颐后，他就会觉得那些食物就像一只动物在身体内翻腾，大大影响了他的表演。

1. 为什么有的演讲者会更具吸引力

> 他演讲时极富生机和活力,显得生动活泼。因此,他的演讲极具吸引力。
>
> ——戴尔·卡耐基

不要做任何损伤精力的事情。磁力、生机、活力、热情,这些都是演讲者应具备的一流素质。人们往往聚集在精力充沛的演讲者周围,就如一群野鹅围住一片秋谷一样。

在伦敦海德公园里可以常见到这种情景:在大理石砌成的拱门入口附近聚集了各家各派、形形色色的演讲者。每个星期天下午,你可以自主选择听讲的内容:天主教徒宣扬的教皇绝对正确的教义,社会主义者宣扬的卡尔·马克思的经济原理,印第安人解释伊斯兰教一夫多妻制度的正确性和合理性等。然而,为什么有的演讲者被团团围住,而其他的人面前则是寥寥数人呢?是因为演讲主题造成这种不同情形吗?并非如此。而是因为演讲者本人:因为他对演讲很感兴趣,这使他的演讲非常有趣。他演讲时极富生机和活力,显得生动活泼。因此,他的演讲极具吸引力。

衣着打扮的影响

一位心理学家兼大学校长曾对一大群人做了一份调查,询问他们衣着对自己的影响。他们一致地认为：当他们精心打扮后，虽然很难解释为什么，但他们会不由自主地、清晰地、真实地感到更有自信，更坚定信念，更有自尊。他们还宣称说，如果他们打扮得像成功人士，那么他们会更渴望成功并最终走向胜利。这些就是衣着打扮对人的影响。

那么，演讲者的衣着打扮究竟对观众有何影响呢？我不止一次地发现，如果演讲者是一位男士，他穿着宽松下垂的裤子，奇形怪状的上衣、鞋子，自来水笔和铅笔在上衣口袋里都若隐若现，报纸、烟斗或香烟盒外露出来；如果演讲者是一位女士，她挎着一个丑陋、胀鼓鼓的钱包，穿着一套短衬裙——那么，公众将不会对他（她）尊重，正如他（她）不重视自己的衣着打扮一样。因为公众会不由自主地觉得演讲者的思想会如他们蓬乱的头发、肮脏的鞋子、鼓胀的手袋一样龌龊不堪。

格兰特生命中的一个遗憾

当李将军率军到达阿波马托克斯法庭投降时，他身穿一套整洁的新军装，身上挂着一把价值连城的宝剑。然而，格兰特将军既没穿外套，又没有佩剑，只是穿着自己家常衣裤。他在回忆录中写道："面对着身高六尺，穿着整洁体面的李将军，我显得多么格格不入啊！"由于衣着打扮的不恰当，这一历史时刻成为了格兰特生命中的一个遗憾。

华盛顿农业部在试验农场中养了好几百箱蜜蜂，每一个蜂巢内都安装了玻璃灯，只要轻按按钮，整个蜂巢都亮如白昼，因此，无论是白天还是黑夜，都能对蜜蜂进行最细致的观察。其实，演讲者也大致如此：他在巨型灯照射下成为万众瞩目的焦点。因此，在演讲中即使是一丁点的不和谐行为也会如派克峰挺立在平原之上一样，突兀不已。

2. 演讲前已或是被指责或是被赞许

> 如果我们对听众表示出浓厚的兴趣,那么听众也会以兴奋的情绪回应给我们。
>
> ——斯特里特

数年前,我为《美国杂志》撰写一位纽约银行家的生活传记。就他的成功原因,我请教了他的一位朋友。他的朋友说,其实最主要是成功的微笑。乍听之下,似乎有点过其实,但我对此深信不疑。其实,有许许多多人拥有更丰富的经验、更好的经济理念。但是,这位银行家却拥有了他们没有的财富——令人喜悦的个性,而热情、诚挚的笑容正是他个性的体现。这就会迅速赢得人们的信任与支持。我们也很乐于目睹这种人走向成功,并乐于送去我们的支持。

中国有句谚语:"和气生财。"因此,笑容不但是形象,更是资本。此时,我不由想起了在布鲁克林商业团体举办的公共演讲班里的一位学员。每当他一站到公众面前,就会让人觉得他很爱目前的这项事业。他总是面带笑容表示很喜欢他的听众,而大家也马上对此演讲者表示热烈欢迎与支持。

然而,不幸的是,我曾看过一些演讲者带着冰冷冷的面孔,以敷衍了事的态度走上演讲台,表现出被迫与厌倦的神情,好像希望这次任务尽早结束。自然，听众也对他报以同样冷淡与敷衍的态度，因为情绪是互相感染的。

斯特里特教授在《影响人的行为》一书中阐述道：

> 爱生爱。如果我们对听众表示出浓厚的兴趣，那么听众也会以兴奋的情绪回应给我们。如果我们对听众怒目视之，那么他们也会对我们产生反感。如果我们惊慌失措，那么他们就会对我们失去信心。如果我们夸夸其谈，自我吹嘘，那么他们就会对我们不屑一顾。其实通常在演讲前，演讲者或是被指责或是被赞扬，早已决定了。因此，无论如何，为了营造友好和谐的气氛，我们都要注意我们的态度。

3. 把听众集中起来

> 即使有上千人,他们彼此不紧凑一起,那么就会像在空旷的大厅里那样毫无效果。
>
> ——美国著名演说家 亨利·沃德·比彻

作为一个公众演讲者,我通常会在下午面对大厅里稀稀疏疏的听众,而在晚上面对小厅中拥挤的人们。然而,面对同一笑料,晚上人们的笑声总比下午的更畅快;面对同一观点,晚上的喝彩声总比下午的更热烈。这到底是为什么呢?

一方面,下午来听演讲的一般都是年纪较大的妇女和一些孩子。相对于晚上那些精力更充沛、更有见识的听众来说,他们显得稍微逊色。然而,这只是一部分原因。

其实,事实上,分散的听众是不容易被感染的。没有什么能比空阔的空间和空椅子更能削减热情。

亨利·沃德·比彻在耶鲁大学做关于布道的演讲时说道:

> 人们常问我:"你是否会觉得大型的演讲比小型的更令人鼓舞?"我回答说并非如此。假如把十几个人集中起来做演讲,我也会像面对千人那样讲得好。然而,即使有上千人,

他们彼此不紧凑一起，那么就会像在空旷的大厅里那样毫无效果……因此，把听众集中起来会收到事半功倍的效果。

一个人在一大群人中时会失去个性，而成为群体中的一员，并出现众人心理。他们会互相感染，更容易激动和兴奋，这种心理在只有几个人的环境中是不会出现的。

人们在群体中比单独个人时更容易采取行动。例如，在战争中，人们往往会铤而走险，不计后果。他们此时是团结在一起的。在反法西斯战争中，即使彼此被铐着手，德国士兵们仍不时地奋起反抗。

集中！集中！集中！这是令人不可思议的现象。许多伟大的行动和变革都是在人们精神的汇集下进行的。关于这一主题，埃弗里特·迪安·马丁写了一本非常有趣的书——《群体的行为》。

因此，如果我们要给一小群人做演讲，我们应选择一间小厅。即使走廊上也站满了人，也总比在一间大厅里稀稀地坐一丁点人好得多。

因此，在演讲前你一定要注意把分散的听众集中起来，让他们靠近着你坐。

除非有太多听众或某个必要的原因，演讲者应尽量避免登台而讲，而应打破常规，靠近听众，拉近彼此间的距离，营造和谐的氛围，让演讲对话化。

4. 庞德少校打碎玻璃窗

> 氧气对演讲者来说就像人体的咽喉那样重要。
>
> ——戴尔·卡耐基

在演讲时要保持空气清新。因为众所周知，氧气对演讲者来说就像人体的咽喉那样重要。如果没有清新空气，即使是西塞罗的所有雄辩，或是"火箭女郎"音乐厅里的所有的女性艺术也不会让人提起精神。所以，作为一名演讲者，在演讲前，我总是打开窗户，让听众站起来稍微休息两分钟。

当亨利·沃德·比彻，这位布鲁克林布道者处于演讲事业的顶峰时，作为他的组织者，詹姆斯·B.庞德在十四年的组织中走遍了美国与加拿大各地。每到一处，在观众到来之前，他总是先到比彻要演讲的地方视察一下，并对照明设备、座位、温度、通风设备等做严密的检查。庞德一直是一个脾气暴躁的军官，而且喜欢行使权力。因此，要是他发现室内温度过高或者通风设备不好，而且窗户又无法打开，那么他就会拿起书本掷向窗户，把玻璃打得粉碎。他相信司布真说过的那句话："对一位布道者而言，最美好的事物除了上帝的恩泽就是清新的空气。"

5. 让光照亮你的脸

你要让灯光照在脸上,因为听众需要看清楚你的脸庞。

——戴尔·卡耐基

除非你是在宣扬神灵论,否则,在演讲时你要尽可能保持室内光线的充足。因为要在暖水瓶似的幽暗的房间里调动听众的热情,就如把鹌鹑驯化成家禽那样困难。

要是你读过大卫·贝拉斯科的关于舞台效果的文章,你会发现大多数演讲者对适当的灯光的重要性的看法是一致的。

你要让灯光照在脸上,因为听众需要看清楚你的脸庞。你脸上哪怕是微小的变化也是你个性的体现,而且是真实的体现,是你自我表现的组成部分。有的时候,这些变化比你的语言更富含义。如果你径直站在灯下,那么你的脸庞会因阴影而显得模糊不清。要是你站在灯的正前方,效果更是如此。所以,在演讲前,选择一个恰当的位置来充分利用光线才是明智之举。

6. 讲台上不要乱放东西

> 公众演讲中最重要的是演讲者本人。
>
> ——美国著名演说家 亨利·沃德·比彻

演讲时不要置身于桌子背后,因为听众们想看到你的全身,他们也常会为此而侧身于过道上。

一些安排周到的组织者会给你一张桌子、一个水壶和一个杯子。但当你口渴时,一小撮盐或一小块柠檬比茶水更合适。

因此,你并不需要那些像水壶、茶杯之类的既无用处,又影响美观、妨碍行动的东西。

百老汇的各个汽车销售部都非常美观、整洁,而且令人赏心悦目。巴黎的香水和珠宝商的办公室装饰得既富艺术性又豪华美丽。这都是为什么呢?其实,这才是真正的商业。当人们看到如此装饰的房间,准会产生更多的尊重、信心和赞赏。

基于同样的道理,演讲者也应有令人愉悦的背景来衬托。依我看来,最理想的布置就是在演讲者身后或身侧都不放置任何东西,以免分散听众的注意力,而一块深蓝色的天鹅绒就足够了。

然后,通常演讲者身后都挂着地图、牌子或放着桌子,以及许多布满尘埃叠在一起的椅子。这会如何呢?这只会造成廉价、马虎、凌乱的氛围。因此，要清除一切乱七八糟的东西。

亨利·沃德·比彻曾说过："公众演讲中最重要的是演讲者本人。"

因此，演讲者要醒目地站在讲台上，就像瑞士蓝蓝的天空下被白雪覆盖的少女峰一样。

7. 不要让嘉宾同在讲台上

> 听众是很难克制自己不去注意移动的事物或类似的事物的。
>
> ——戴尔·卡耐基

当加拿大总理在伦敦以及安大略演讲时我都在现场。演讲时，一位工作人员拿着一根竿子把窗户一个一个地撑开，以便大厅通风。于是，所有的听众都把注意力转移到工作人员身上，好像那工作人员正表演着惊人的壮举。

在演讲中，听众是很难克制自己不去注意移动的事物或类似的事物的。因此，演讲者只有谨记这一点才能避免一些无谓的影响。

首先，演讲者切忌玩弄手帕或衣物以及做一些表现紧张的小动作，因为这会减损演讲效果。我曾记得有一位纽约听众盯着一位杰出的演讲者的双手长达半小时之久，因为那位演讲者在做演讲时一直玩弄着讲台上的台布。

其次，如果条件允许，演讲者应安排听众就座下来，以免迟来的听众影响大家的注意力。

再次，演讲者不应把嘉宾留在讲台上。几年前，雷蒙德·罗宾斯在布鲁克林做演讲时与一些嘉宾同坐在讲台上，我当时也被邀请上去坐。但我知道这对演讲者是很不利的，所以拒绝了。在第一场演讲中，我注意到有许多嘉宾不停地变换姿势，而且又不停地跷起腿，放下腿，他们的每一个动作都吸引着听众的注意力。于是，第二天，我告诉了罗宾斯这一情况。于是，在接下来的演讲中，他都很聪明地让嘉宾坐到台下。

大卫·贝拉斯科拒绝用红色的花来点缀讲台，因为这会分散听众的注意力。同样道理，明智的演讲者是不该让那些无所事事的人坐在讲台上的。

就座的艺术

在演讲前，演讲者不应僵硬地坐在那里面对着听众，而且在抵达现场时，应以一种新颖的面貌出现。

然而当我们需要坐下来的时候，我们要注意自己的坐姿。也许你曾见过这样的情景：一个演讲者就像狐狸在晚上寻找睡处那样四处张望寻找椅子。当他们找到了一把椅子，就弯下腰重重地坐下来，丧失掉自己的最后一点风度。

一位懂得就座艺术的演讲者会时刻感到椅子在敲打着他的神经，让他坐得笔直，使他的整个身体处于完美的自我控制中。

8. 沉着镇静

> 当你走上讲台准备演讲时，不要匆匆开始讲。你应该深呼吸一下，环视听众一下。要是听众中仍有声响或骚动，你应等待片刻，直到他们安静下来。
>
> ——戴尔·卡耐基

在前文中，我们曾提过不要玩弄自己的衣服和首饰，因为那会分散听众的注意力。在这儿还有另外的原因，那就是会给听众留下缺乏自制力的不良印象。其实，任何与当时情景不符合的行为都会转移听众的注意力。而且，这些行为是毫无个性而言的。因此，演讲者要控制好自己的肢体，而这有利于心理上沉着镇静。

当你走上讲台准备演讲时，不要匆匆开始讲。否则，这只是不成熟的表现。你应该深呼吸一下，环视听众一下。要是听众中仍有声响或骚动，你应等待片刻，直到他们安静下来。

你应挺起胸膛，而且为何不先让听众安静下来呢？为何不在平常谈话中就注意这一点呢？如果你这样做了，那么到演讲时你就能镇定自如了。

路德·H.古利克在他的《高质量的生活》一书中写道："生活中少于十分之一人能时刻注意自己的形象……我们应抬起头颅，挺直脖颈。"在此，我们介绍一下古利克所推荐的日常锻炼方法：缓慢地尽量吸气，同时，脖颈尽量靠后挺直，并坚持住。这种训练方法，即使夸张地去做也不会有什么害处，其目的是使脖子挺直，这也会使胸脯变得宽厚起来。

那么，你的双手该如何做呢？最好是把它们忘记。最理想的是把手自然地垂到身体两侧。如果你感到它们像香蕉，那么你千万不要盲目地去联想到别人正关注着它们或对它们有一点点感兴趣。

轻松地把双手垂到身体两侧是最好的，这样不会分散听众的注意力，即使是最挑剔的人也不会对此提出异议。而且，当演讲需要时，双手也会很自然地做出相应的动作。

但是，如果你非常紧张，而且发现自己的双手放到了背后，或放到了衣兜里或放到讲坛上，你应清楚地意识到你该如何做。其实，你应该根据自己的常识来决定。我曾听当代许多著名的演说家说过，他们演讲中也偶尔把手插到衣兜里。比如布赖恩、昌西·M.迪普、西奥多·罗斯福就曾这样做过，甚至还有过分挑剔的花花公子迪斯雷利有时也会这样做。但是，天空不会掉下来，如果我没记错的话，天气报告员说过太阳每天都在同一时间升起。同样地，如果一个人有一些值得要说的东西，而且很有感染力，令人信服，那么他肢体的动作则是次要的。而且假如你头脑膨胀，心里不踏实，那么这些次要的肢体动作则会舒缓心胸。毕竟，演讲中最重要的还是心理，而不是手、脚之类的。

9. 切忌荒谬可笑的肢体语言

> 真正的演讲动作是源自你自身：你的心灵、你的思想、你的兴趣、你的欲望以及你的激情。因此，那些瞬间爆发的动作是很有价值的。
>
> ——戴尔·卡耐基

从这个题目，我们会很自然联想到肢体动作的滥用问题。我上的第一堂公众演讲课程是由美国中西部的一所大学校长讲授的。回想起来，这节课主要讲授的是肢体动作的问题。这些动作不但没有用，而且会误导听众，严重影响演讲效果。在课堂上，校长教我们要把手自然地放到两侧，掌心向后，手指虚握，拇指贴在腿上。接着，我们被训练抬起胳膊形成优雅的曲线，并与手腕配合，做出飞翔的动作，然后依次伸开食指、中指、无名指、小拇指。当整个艺术性动作完成后，胳膊又恢复优雅的曲线，然后放回到体侧。这整个过程显得又呆板又做作，缺乏真情实感。教授只是想让我们做出一个与众不同的动作而已。

在此课程中，我们的个性并没有被激发融入到动作中去；我们的感情也没有被引入其中去；生活的真谛没有被纳入其中，更不用说使之自然化、无意识化和必然化；我们并不能放松地、自然地、自我地去演讲和做动作。也就是说,这次令人遗憾的演讲就犹如一台机械打字机，或者被丢弃多时的鸟巢一样失去了生机、活力,又如英国木偶戏《庞奇和朱迪》中的主角那样荒谬可笑。

在二十世纪,教授这些荒谬可笑的动作看似是不可思议的。然而,就在几年前,一本关于动作的书出版了——这本书完全试图把人塑造成一个机器人。它告诉人们这句话应做什么动作,那句话应做什么动作;一只手的动作如何,两只手的动作如何;哪个动作要高点,哪个动作应该放中间,哪个动作应低点;这个手指要如何,那个手指要如何。我曾看见过二十个人同时站到教室前,同时读着这本书上的同一段演说片段,并严格按照书中的要求边朗读边做动作,显得非常荒谬可笑。这种既做作、机械又浪费时间,影响极深的方法使好多人深受其害。马萨诸塞州的一名大学教务长最近宣称,他没有开设公众演讲课是因为他并没有看到此课程的实用性,也没发现教授如何去演讲有何意义。对此,我深有同感。

绝大多数关于演讲动作的文章是毫无用处的,反而是浪费纸张笔墨。从文章中模仿出来的演讲动作往往是矫揉造作的。其实真正的演讲动作是源自你自身:你的心灵、你的思想、你的兴趣、你的欲望以及你的激情。因此,那些瞬间爆发的动作是很有价值的。这种自发性胜过任何动作的规定。

演讲动作并不能像晚宴上的无尾礼服那样形式化,它应该是人的内心的外在表现,就正如人的亲吻、疼痛、欢笑和晕船那样。

演讲者的动作应像自己的牙刷那样,是完全属于自己的。而且,因为每个人都不同,因此,只要他们都按照自己的风格自然地去做,那么大家的举止就是彼此不同的。

在演讲培训中,我们不能追求千篇一律的演讲风格。我们可以设想一下，如果把林肯迟缓、木讷的演讲举止改成道格拉斯的敏捷、优雅的风格，那么，那一定是十分荒谬可笑的。

据林肯的传记作者，同样也是他的律师伙伴赫恩登介绍说："林肯头部动作比手势多很多。他通常不停地充满激情地做着头部动作，而这些动作意在强调他演讲内容的重要性。有的时候，林肯也会像把电火花扔进可燃物中一样，突然伸直身体。他从不会像其他演讲家那样用手势划分空间，他从不会设计动作来追求舞台效果……当林肯在演讲中偶尔走动时，他显得是那样的优雅自在、自然得体和极富个性。在某种程度上，这让林肯看上去高贵无比。林肯极其鄙视炫耀、卖弄、做作和虚假……当林肯右手那细长、消瘦的手指指向听众的头脑时，这显示了其中的广阔意义和强调作用。有的时候，为了表达喜悦之情，他会举起双手，手心向上，与地面几乎成五十度角，好像在渴望拥抱着他所热爱的事物。如果要表达厌恶之情，例如痛斥农奴制，那么，他会高举双臂，紧握双拳，在空中挥动。他所表达的憎恶之情是如此的令人备受感染。这就是林肯最经典、最有效的动作之一。由此，你可以看到他要打倒所厌恶的事物并把它永弃之的坚定决心。林肯总是中规中矩地站着，也就是从不前后脚站着。他从不扶着或依靠着东西来支撑自己。在演讲中，他很少变换位置或姿势。他从不喧嚣，也不在讲台上走来走去。为了放松自己的手臂，他常用左手抓住外套的翻领，好让他的大拇指竖直同时也腾出右手来做动作。"林肯的这个动作被圣·高登斯刻成了雕像，屹立于芝加哥的林肯公园里。

以上就是林肯演讲时的举止。相比之下，罗斯福则显得更精力充沛、激情洋溢和活力四射。他的面部表情极为丰富，他的双拳紧握，整个身体都在传递着信息。布赖恩通常张开五指，挥动手臂。格莱斯顿常用拳头敲桌子或手掌，或者是重重地踏着地板，发出声响。罗斯伯里勋爵常高举右臂，然后又重重地落下。无论如何，只有演讲者的思想和信念铿锵有力时，他的举止才会坚定有力且自然流畅。

自然性、生活性是对演讲行为要求的最好描述。伯克瘦骨如柴，而且动作非常笨拙。皮特在挥动手臂时就像"一个笨拙的小丑"。亨利·欧文爵士由于跛脚而导致动作非常古怪。麦考莱勋爵的演讲动作非常不雅致。类似的还有格莱敦、帕内尔等人。刚去世不久的剑桥大学寇松勋爵在国会演说中说道："显而易见，伟大的演说家都有自己的演讲动作。而且，即使有的演说家长相丑陋或身形笨拙，但他们优雅的演讲动作却为他们的演讲增色不少。"

多年前，我曾听过著名的吉普赛·史密斯所做的布道，这位曾让数万人皈依基督教的演讲家的雄辩深深地迷住了我。他使用了许多手势，但这些手势是如此的自然，就像呼吸着空气一样。这就是演讲的理想境界。

如果你也按照以上的原则反复练习，那么你会发现自己在使用手势时也能达到那样的境界。在这里，我无法对演讲手势制定任何规则，因为一切都要依据演讲者的性情、准备工作、热情、个性以及演讲的主题、听众现场的情况等因素而定。

10. 一些有用的建议

> 当你演讲时,你的自然冲动是最可靠的,这比任何书本所说的更珍贵。
>
> ——戴尔·卡耐基

虽然我无法对演讲的手势制定任何规则,但在此,我列举有限的几点建议供大家参考:不要重复同一手势到厌倦;不要用肘部做一些急速动作,因为在台上,肩部动作要好看得多;不要匆忙结束任何一个动作。假如你要借助食指来阐明你的观点,那么你要保持这个手势到最后一句,否则这会是一个虽然普通但严重的错误,它会扭曲你要强调的东西,突出了不重要的内容,冲淡了重要的部分。

当你真正面对听众做演讲时,你的手势一定要自然。但当你只是练习演讲时,如果有必要,你可以强迫自己多使用手势。强迫你自己使用手势,可以促使你在真正演讲中自然地使用手势。

合上你的书本吧,从书上是学不到演讲动作的。当你演讲时,你的自然冲动是最可靠的,这比任何书本所说的更珍贵。

要是你已忘了我们刚刚谈过的关于演讲举止动作的内容,你只要记住这点:如果一个人完全沉浸在他的演讲中,那么他定会在搜寻演讲信息时忘却自己而自然地去演讲。虽然他的演讲动作可能未经研究过，但这是不会受到批评的。如果你对此尚有怀疑，你可以走到某个人跟前并把他击倒。当他站起来后,你会发现他会毫无瑕疵地对你"演讲"一通。

下面是我读过的关于演讲的最好阐述：

装满木桶

拔掉木塞

让一切自然地发生

小结

一、根据卡耐基技术协会所做的测试可知，在促成商业成功的诸因素中，个性比高智商更重要。其实这也是演讲中最重要的因素。然而，个性是一种含糊的、无法表达的、难以触摸的东西，以至于很难去发展它。但是，本篇中的建议能够帮助演讲者更好地展现自己。

二、不要在疲倦的时候演讲。在演讲前你需要休息，养精蓄锐。

三、演讲前只稍稍吃点东西。

四、不要做任何损伤精力的事情，要充满活力。人们往往会聚集到精力充沛的演讲者周围，就如一群野鹅围住一片秋谷一样。

五、衣着打扮讲究才会有吸引力。精心的打扮会增强自尊心和自信心。如果一个男演讲者穿着宽松下垂的裤子和毫无打理的鞋子，一头蓬乱的头发披散着，自来水笔或铅笔在上衣口袋里若隐若现；或者一个女演讲者挎着丑陋的、胀鼓的手袋，那么听众将不会对他（她）尊重，正如他（她）不重视自己的衣着打扮一样。

六、以热情的微笑面对听众，表示你很喜欢他们。斯特里特说过："爱生爱。如果我们对听众表示出浓厚的兴趣，那么听众也会以兴奋的情绪回应给我们。""其实，通常在演讲前，演讲者或是被指责或是被赞扬，早已决定了。因此，无论如何，为了营造友好和谐的气氛，我们都要注意我们的态度。"

七、把你的听众集中起来，因为分散的听众是不容易被感染的。当一个人处在一大群人当中，他会感到比他个人演讲时更容易激动和兴奋。

八、如果你要给一小群人做演讲，你应该选择一间小厅，并避免登台而讲，应与听众保持同一水平，并力求使你的演讲亲切、自然。

九、保持空气清新。

十、让灯光照在你的脸上，好让听众看清楚你的脸庞。

十一、演讲时不要置身于桌子背后。把不需要的桌椅放到一边，并清理桌子上妨碍视线、影响演讲的一切东西。

十二、如果你有嘉宾在讲台上，他们偶尔的微小动作也会吸引听众的注意力。因为任何听众都容易被移动的事物所吸引。所以，你为何不明智地把嘉宾请到台下，好让自己更好地演讲呢？

第八篇
如何开篇演讲

因为有了汽车、飞机、广播和电视机等,我们获取信息的速度加快了许多。因此,作为演说家也应跟上时代的快速节奏。如果你在演讲时要做一段开场白,请相信我,这段话应像广告牌那样简洁。

通常,当你一走上讲台时,毫无疑问,很自然地你就会立即吸引听众的注意力。这在开始五秒钟并不难做到。但要自始至终吸引听众则是件困难的事情。

> 令人印象深刻的开篇，会很快抓住听众的注意力。
>
> ——美国教育家 雷恩·哈罗德·霍夫

我曾向一位具有丰富演讲经验的人士，西北大学的前任校长雷恩·哈罗德·霍夫博士请教，对演讲者来说，什么是最重要的。略加思考后，雷恩博士回答说："令人印象深刻的开篇，会很快抓住听众的注意力。"事实上，雷恩博士每次演讲都会精心设计开头与结尾。约翰·布莱特、格莱斯顿、韦伯斯特、林肯都是这样做的。事实上，每位有常识和经验的演讲者都会这样做。

那么，演讲初学者如何呢？他们很少会这样做。因为在设计时要花费很长时间，需要脑力和意志力，而动脑则是一个艰辛的过程。托马斯·爱迪生从约书亚·雷诺兹那里节选了下面这句话刻在自己工厂的墙壁上：

世界上没有一条捷径能够逃避思考的艰辛。

演讲初学者往往只相信瞬间的灵感，但最后他们往往会发现：自己前进的道路上铺满了陷阱，一不小心就会摔下去。

刚刚去世的诺斯克里夫勋爵，经过自己的奋斗由一个收入低微的穷人变成了英国最富有、最有影响力的报刊巨头，他曾说过以下引自帕斯卡的话是使他走向成功的重要因素：

  预见意味着成功。

  其实，这句话也可以成为你设计演讲的最好的座右铭。你应预见一下如何开篇才能给人以新颖的感觉，才能留给听众难以磨灭的印象。

  自从亚里士多德时代起，就有许多书籍提及到这一问题，它们把演讲分为三部分：开篇、正文和结论。直到近代，演讲的开篇就像乘坐马车那样令人感到悠闲，那时演讲者既是新闻传播者，又是娱乐者。一百年前，演讲者在社区的作用就如今天的报纸、杂志、广播、电视、电话、电影一样。

  但是，现在世界已发生了惊人的、翻天覆地的变化，各种发明大大加快了人们的生活节奏，这远远超过了自伯沙撒王和尼布甲尼撒二世以来的任何时代。因为有了汽车、飞机、广播和电视机等，我们获取信息的速度加快了许多。因此，作为演说家也应跟上时代的快速节奏。如果你在演讲时要做一段开场白，请相信我，这段话应像广告牌那样简洁，因为大多数的普通听众都会这样想："要进行演讲了吗？行，要言简意赅，不要夸夸其谈，快谈谈一些具体事例。"

  当伍德罗·威尔逊在国会里就潜艇战问题演讲时，他仅用二十四个字就抓住了听众的心并切入主题：

  现在，我有责任就当前的国际情势向在座的各位坦诚相告。

当查尔斯·施瓦布对纽约的宾夕法尼亚社团发表演讲时，他的第二句话就切入正题：

现今美国民众最关心的问题是：我们的经济萎靡不振意味着什么？前景如何？就我个人而言，我持乐观的态度……

美国财产申报公司经理对员工演讲时也是以简洁的方式开篇，虽然只有三句话，但它们言简意赅，雄浑有力：

在座的各位所要完成的任务，应如工厂烟囱里不断冒出的烟。在过去的两个月里，我们的烟囱并没有排出多少烟。现在，糟糕的日子已经结束了，经济已经开始复苏。对此，我们在此简短而有力地呼吁：我们需要更多烟冒出来。

然而，刚刚涉足演讲的初学者能否如此精练有力地开篇呢？绝大部分未经训练的新手总是以两种不良的方式开篇。接下来让我们分别来讨论。

1. 以恰当的幽默开篇

> 在演讲国度里,与逗人发笑的能力相比,什么是更难的、更珍贵的呢?幽默只是手段,而个性品质才是真正的实质。
>
> ——戴尔·卡耐基

令人啼笑皆非的是,演讲初学者往往认为自己应该是一个有趣的人:从本性上讲,他觉得自己应像一本百科全书,博大精深;当站起来发表演讲时,他设想着自己感到马克·吐温的灵魂正降落到他身上;特别在晚宴结束后,他又倾向于以一个幽默的故事作为开场白。结果如何呢?这种演讲方式只会让人感到十分肤浅,并不能吸引听众。即使具有哈姆雷特式的隽永的语言,也会让人感到"厌倦、陈腐、平淡、毫无意义"。

要是类似的情形多次发生,那么听众定会对演讲者给以哄嘘声或高喊"滚开"!但是,大部分听众虽然深感不悦,他们出于怜悯之心也会给予几声附和。这样的场面我们可见得不少!

在演讲国度里,与逗人发笑的能力相比,什么是更难的、更珍贵的呢?幽默只是手段,而个性品质才是真正的实质。

我们要谨记,只有极少数故事本身是非常有趣的,而故事演讲的成功在于讲述故事的手段。同样是马克·吐温所讲的著名的故事,让其他人来讲，那么会有百分之九十九的人遭到失败。你不妨在家人面前高声朗读林肯在伊利诺伊第八行政区的小旅馆里所复述的故事，朗读人们不远数里去听的故事，朗读人们通宵达旦去听的故事，朗读那些令人"难以自持、群情振奋"的故事，看你能否博得家人的一笑。下面是林肯讲述过的，并获得巨大成功的一则故事，为何不试讲一下？至少私下的，在家人面前试试看：

> 一位刚去世不久的旅行者，在回家途中经过伊利诺伊大草原时，遇到了一场风暴。当时，夜黑沉沉的，大雨就像天河决口一样倾盆而下，雷声就像炸药爆炸一样震耳欲聋，接连不断的闪电映照出四周东倒西歪的树木。整个草原都笼罩在震撼之中。最终，这场平生仅见的灾难令这位旅行者感到异常恐惧和无助。他双膝跪地，丧失了祈祷的能力，只是气喘吁吁地喃喃自语："噢，天啊，要是还是以前的你，请减弱一点光亮，减弱一点怒吼声吧！"

也许你是个幸运儿，上天赋予了你幽默的个性。要是真的那样的话，无论如何你也要挖掘培养它，而且你会备受欢迎。但是，要是你是属于其他风格，而你试图模仿昌西·M.迪普，那么，这只是一种愚蠢的行为，因为你背弃了自我。

如果研究过昌西·M.迪普、林肯及乔布·赫奇斯的演讲，你会惊奇地发现，他们的演讲，特别是在开场白时很少使用故事。埃德温·詹姆斯·卡特尔曾告诉我，他从不因为追求幽默而讲述一个好笑的故事。故事应该与演讲相关，应该为论证某个观点服务。幽默只能是蛋糕上的冰激凌或蛋糕层与层之间的巧克力，而不能成为蛋糕本身。美国最幽默的演讲家之———斯特里克兰·格雷兰，给自己定了一条不成文的规定，在演讲开头的三分钟从不讲述故事。既然如此，我们何妨借鉴他的做法呢？

那么，演讲的开篇应该严肃沉闷吗？其实也不是。你可以谈一下当地的新闻、现场的情况或其他演讲者的一些评论来活跃一下听众的情绪。你还可以夸大地谈一些所观察到的不和谐现象。这些方法比陈旧的开玩笑更富幽默感。

也许，最容易营造欢乐气氛的方法莫过于开自己的玩笑了。你可以描述一下自己的一些荒唐做法或尴尬的情形，这往往会触及到幽默的实质。爱斯基摩人常会对摔断腿的人欣然一笑，中国人会对从楼上摔下来摔死的狗感到可笑。其实，我们也常会对追赶自己的帽子或因踩了香蕉皮而滑倒的人情不自禁地发笑。

通常只要把不相关的事物罗列在一起都会让所有听众捧腹大笑。例如：一个报刊撰稿人写过："我讨厌孩子、动物内脏和民主党人。"

鲁德亚德·吉卜林在英格兰做政治演讲时，他是何等的聪明，让听众发笑。他并没有杜撰任何奇闻逸事，而只是讲述自己的亲身经历，而且很幽默地把不相关的东西连在一起：

女士们，先生们：

我年轻的时候在印度工作，当时我在一家报社负责刑事案例报道。那是一份有趣的工作，因为它让我接触到了一些伪证者、盗用公款者、谋杀者以及具有冒险精神的运动员之类的人。（笑声）每当审判报道完毕后，我会不时地去拜访这些正在服刑的朋友。（笑声）我记得有一个因犯谋杀罪而被判终身监禁的人。他是一个聪明而善谈的人，他这样给我讲述他的人生故事："当人们的正常生活因我而变得曲折的时候，他们就会意识到我的存在，然后把我隔离出来，随之他们又恢复正常的生活。"（笑声）是的，这正好描述了用来隔离他的监狱。（笑声和掌声）

同样，威廉·霍华德·塔夫脱在都市人寿公司保险年会上运用同样的方法营造了幽默的气氛，同时，他也向听众们致以了亲切的问候。其演讲的精彩部分如下：

尊敬的董事长以及人寿保险公司的各位先生们：
　　九个月前我回到我的老家，在那里的一个晚上我听了一场演讲。在演讲会中，演讲者显得有些惶恐。他对大家说，他在演讲前曾向一位有丰富的晚间演讲经验的朋友请教如何进行晚宴后演讲。那位朋友告诉他晚间演讲会上最好的听众是那些聪明的、受过良好教育并适当放松的人。（笑声和掌声）现在，我可以说，在座各位是我见过的最好的听众。因为你们都具备了那位朋友所说的要求。（鼓掌声）而我认为，这正是都市人寿保险公司的精神。（长时间鼓掌）

2. 不要以过分自谦开始

>在演讲的最初就要激发人们的兴趣，从第一句开始就要这样做。
>
>——戴尔·卡耐基

演讲初学者在开篇演讲时通常犯的第二个错误是道歉。如："我不是一个出色的演讲者……我并没有做什么准备……我并没有什么要说……"

谨记千万不要这样开篇道歉！吉卜林在一首诗的开头部分这样写道："根本没有必要再说下去。"要是演讲者以道歉开篇的话，吉卜林的这句诗正好是听众们的心理写照。

其实，即使你真的没有做好准备，你不说，那么只会有一小部分人发现这一点。因此，为何要让所有的人都意识到这一点呢？为何要让你的听众感到你对演讲不屑一顾，而只是用一些陈旧的东西打发他们呢？因此，他们不需要你的道歉，他们只想获得一些有意义的或感兴趣的知识。这一点千万要谨记！

通常，当你一走上讲台时，毫无疑问，很自然地你就会立即吸引听众的注意力。这在开始五秒钟并不难做到。但要自始至终吸引听众则是件困难的事情。而且，一旦你中途失去了吸引力，要重新赢得听众的注意并不是轻而易举的事情。因此，在演讲的最初就要激发人们的兴趣，从第一句开始就要这样做，而不是寄希望于第二句、第三句。

也许你会问："应该怎样去做呢？"坦白地说，这是个大问题。在我们积累演讲素材的过程中，由于演讲者自身、听众、演讲的主题、演讲的素材以及现场情况等因素不同，都会让我们经历曲折而迷惘的道路。然而，希望后面提到的意见和建议能带给你帮助。

3. 激发好奇心

> 在开篇的第一句话就要激起听众的好奇心,这样才能吸引他们的注意力。
>
> ——戴尔·卡耐基

以下是霍威尔·希利在费城的拜恩体育俱乐部演讲的开头部分。不知你是否喜欢,看看他能否迅速激起你的兴趣。

八十二年前的这个时候,一本小册子在伦敦问世了,而且被认为是一本不朽的著作。许多人称它为"世界上最伟大的小册子"。当它出版不久,每当朋友们在斯特兰德街或普尔马尔相遇时都会互相问道:"你读了那本小册子了吗?"而回答总是:"当然,感谢上帝,我已读过了。"

这本书在出版当天就被销售了一千余册。在其后两个星期内,共售出了一万五千余册。从那以后,这书被重印了无数次,而且也被翻译成各种语言。几年后,J.P.摩根以高价收购了原稿,并把它与其他无价的珍藏品放到了他在纽约市的收藏馆里。

这本世界名著是什么?它就是狄更斯的《圣诞颂歌》……

你不觉得这是一个成功的开篇吗？它是否吸引了你的注意力，是否增加了你的兴趣呢？为什么会这样呢？难道不是因为它激起了你的好奇心，为你设下悬念吗？

好奇心！又有谁能抗拒它呢？

我曾见过树林中飞翔的小鸟十分好奇地看着我。我认识一位猎人，他在高高的阿尔卑斯山上，通常趴在床单上并爬来爬去来引起岩羚羊的好奇从而捕捉它们。各种各样的动物都有好奇心，如狗、小猫以及人类。

因此，在开篇的第一句话就要激起听众的好奇心，这样才能吸引他们的注意力。

在做关于托马斯·劳伦斯上校在阿拉伯的经历的演讲时，我的开篇是这样的：

  劳合·乔治认为劳伦斯上校是现代最具浪漫色彩和最感性的人物之一。

这个开篇有两大优点。首先，一位声名显赫的人物总会吸引很多注意力；其次，它激发了人们的好奇心："为什么是最具浪漫色彩？"这是个顺理成章的问题。还有"为什么是最感性？""我从未听说过他这点……他做过了什么？"

洛厄尔·托马斯在做关于劳伦斯上校的演讲时是这样开篇的：

  一天，当我走在耶路撒冷的克里斯汀大街上时，我遇见

> 一个身穿象征东方贵族的华丽衣服的人。在他的身旁，悬挂着一把预言者穆罕默德的后代才能佩带的弯曲的金剑。但这个人从外表看来绝不是阿拉伯人，因为他长着蓝色的眼睛，而阿拉伯人的眼睛是黑色或棕色的。

这一段开篇肯定会激发你的兴趣，不是吗？听完后，你会想了解更多。如：他是谁？他为什么要打扮成阿拉伯人的样子呢？他是干什么的？他长得如何？

有一位学员以下面的问题作为开篇：

> 你知道当今世界有十七个国家存在着奴隶制吗？

它不但会激发听众的好奇心，而且会让他们感到震惊。"奴隶制！今天？十七个国家？真是令人难以置信。是哪些国家？它们分布在哪里？"

演讲者可以在开篇设置一个结果，这往往会让听众急切想知道事情的原因。例如，一位学员以下面引人注目的文字开始演讲：

> 最近，一位议员在立法会议上提出一项立法草案，要求禁止校舍附近两英里内的蝌蚪变成青蛙。

你定会忍俊不禁：这位演讲者在开玩笑吧！这是多么荒唐啊！这项草案被采纳并付诸实施了吗？于是，这位演讲者接着解释下去。

在《星期六晚间邮报》中有一篇名为《关于歹徒》的文章，其开

头是这样的:

> 歹徒们是否有组织呢?通常是这样的。那么,他们是如何组织的呢?

你会发现,只用寥寥数语,文章的作者已向你讲述了他的主题,并告诉你关于主题的内容,而且激发了你的好奇心:歹徒是如何组织起来的?因此,我们可以肯定地说,每位致力于公共演讲的人,应研究一下杂志作者们迅速激发读者兴趣的技巧。从中,你可以获得比只是研究演说集更多的知识。

4. 以故事开篇

> 以故事开头来吸引听众的注意力。这种开头几乎是万无一失的。随着故事的发生、发展,听众也在不断思考接下去会发生的事情。
>
> ——戴尔·卡耐基

我们尤其喜欢演讲者讲述他自身的经历。罗素·E.康韦尔演讲《钻石天地》已超过六千次之多,也从中赚取了百万家产。那么这篇脍炙人口的演讲是如何开头的呢?

> 一八七〇年,我们沿着底格里斯河进发。在巴格达,我们雇了一位向导,让他带我们到波斯波利斯、尼尼微和巴比伦……

显然,演讲者并未直接切入主题,而是以故事开头来吸引听众的注意力。这种开头几乎是万无一失的。随着故事的发生、发展,听众也在不断思考接下去会发生的事情。

本书的第三篇开头部分,也是采用了以故事开头的方式。

以下两段开头分别节选于同一份《星期六晚间邮报》中的两个故事。

a. 尖锐的枪声打破了沉寂。

b. 七月份的第一个星期天，丹佛市的蒙特维旅馆发生了一件似小非小的事情。这引起了其经理高贝尔的关注。而且，他向旅馆的所有者史蒂夫·法拉第以及其他几家所属的旅馆报告了这一事件。这时，距史蒂夫的仲夏巡视只有几天时间了。

要注意一下，这些开头是如何发挥作用的。它们总是引出下文，激起你的兴趣，让你阅读下去，急于知道更多内容，想把一切弄个清楚明白。

要是能运用讲故事的手法，并由此激发听众的好奇心，那么，即使是一个没有经验的新手也能够成功地开始一个演讲。

对普通听众来说，长时间地理解抽象的陈述是非常困难的，而事例相对来说要容易得多。因此，为何不以具体的事例来做开头呢？我知道，这对于演讲者来说不容易，因为我对此深有体会。许多人会觉得在开头应总体阐述一下观点，其实并不然。你应该先以具体事例开头来激发听众的兴趣，然后再辅以一般的论述。要是你想参考一个运用这一方式的范例，那不妨翻阅一下本书的第六篇的开头部分。

现在，你可以领略到这种技巧的作用了吧？

运用展示与提问的方法

也许，世界上最简单地去吸引注意力的方法，莫过于手持某样东西向听众展示。即使是野人、笨蛋、摇篮里的婴儿、商店橱窗里的猴子以及街上的小狗都会留意这种刺激的手法。当面对着一群高素质的听众，这种方法也是很奏效的。例如，费城的S.S.埃利斯先生在演讲开头用拇指和食指夹着一枚硬币并高高举起。自然，每一位听众都看得真真切切。然后，他询问在座的听众："大家在走路时曾否捡到过这样的硬币？幸运捡到硬币的人在财产获取过程中会有更多便利，他只需交出这枚硬币即可……"随后，埃利斯对财产获取过程中错误的不道德的行为给予了强烈的谴责。

埃利斯先生演讲的开头部分还有另一个值得称道的特点，那就是以提问方式开头。这能让听众跟随着演讲者的思路并与之配合。《星期六晚间邮报》上的那篇关于歹徒的文章，在开头的三句话里提出了两个问题：歹徒们是否有组织呢？他们是如何组织起来的？这种方法是最简单、最保险的方法，它能调动听众的思维，并使其全身心沉浸于演讲中。因此，当其他方法不奏效时，不妨采用一下这一方法。

以杰出人物的话语开头

杰出人物的话语具有无比强大的吸引力。因此，适当地引用名人的话语，是一种精彩的开篇方式。以下节选的是一篇关于商业成功的演讲的开头部分，也许你对之不无欣赏。

> 阿尔伯特·哈伯德说过，对于一件事物，世人会给予金钱和荣誉的奖励。而这件事物就是创新。那么，何谓创新呢？那就是做没有先例而正确的事情。

这一演讲开头有几个值得借鉴的地方：第一句话激发了听众的好

奇心。它引导着听众，使他们迫切想知道下文的内容。如果在第一句话后演讲者稍作停顿，那么他将会给听众设置一个悬念："世人会给何种事物予奖励呢？"他们会想，快点告诉我们。也许我们会有不同看法，但我们迫切想知道你的看法……第二句话直接切入主题。第三句话提出一个问题，这能激发听众去思考，去讨论，使之参与到演讲中去。而这正是听众们所希望做的事情。第四句话对"创新"做了解释……这段开头结束后，演讲者接着引用了一个有趣的例子来做进一步证明。仅就这篇演讲的结构而言，穆迪将其列为三"A"级。

5. 根据听众的兴趣确定演讲题目

听众只会对自己关心的事情感兴趣。

——戴尔·卡耐基

在开始演讲时要根据听众的兴趣来确定内容，这是最佳开篇的方法之一。毫无疑问，这种方法会吸引听众的注意力。因为听众会被他们所感兴趣的事物深刻地影响。

这不是一个众所周知的常识吗？然而，真正做到这一点却是非同寻常的。例如，我曾听过一次关于定期做身体检查的必要性的演讲。演讲者是如何开篇的呢？他首先介绍了生命科学学院的历史、运作以及提供的服务。这真是太荒谬了！因为听众对此根本毫无兴趣，他们只会对自己关心的事情感兴趣。

因此，他为何不能意识到这一事实呢？为何不谈一下生命科学学院与大家的密切关系呢？也许可以这样来说："根据人寿测算表，你是否知道人的寿命有多长呢？保险业的统计员计算得出，你的预期寿命是现在年龄与八十岁之差的三分之二。比如说，你现在三十五岁，那么与八十岁相差四十五岁。那么你的预期寿命是四十五的三分之二，即三十年。这段时间足够吗？当然不够。我们所有人都期盼着能多活几年。然而，人寿测算表是根据数百万人的寿命情况而制定的。我们也许希望自己是个例外！而做好预防工作,这个愿望也许能实现。因此,第一步就是要进行全身检查。"

接着,如果我们继续解释做定期身体检查的必要性,那么听众就会对提供此服务的机构感兴趣。所以,在一开始就不带任何感情色彩地去谈论某个机构,那简直是糟糕透了！

再举一个例子。我曾听过一位学生做关于保护森林资源的迫切性的演讲。"作为美国人,我们应以我们国家的丰富资源而自豪……"接下来,他继续说我们毫无羞耻地无度地滥伐自己的森林。然而,这个开头太糟糕了,它过于笼统,过于模糊,就像一台机械打印机,并没有让我们感到滥伐森林对我们有生命攸关的影响。其实,破坏森林是会影响到商业的。假如听众中有一位银行家,就可以对他说滥伐森林会对社会繁荣产生影响,从而会影响到他的银行经营……因此,为何不这样开篇呢:"我所演讲的主题能影响到在座各位的生意,如在座的阿波巴先生、索尔先生。实际上从某种意义上讲,它会影响到我们的衣食住行。它会动摇整个社会的繁荣和昌盛。"

这样说是否夸大了保护森林资源的重要性呢？一点也不。这只是遵循了阿尔伯特·哈伯德的训谕而已:"把图画放大,然后以吸引人的方式把要展示的事物放在其中。"

6. 令人震惊的事实的吸引力

> 事实应出人意料,应能抓住听众的注意力。
>
> ——戴尔·卡耐基

一位著名期刊的创立者,S.S.麦克卢尔曾说过:"一篇好的报刊文章应具有震撼人心的事实材料。"

这些事实应出人意料,应能抓住听众的注意力。以下是一些例子:巴尔的摩市的N.D.巴兰坦先生做《无线电的奇迹》的演讲时是这样开篇的:

> 大家可否知道,一只苍蝇在玻璃上爬行的声音通过无线电从纽约传到中非,会发出类似尼亚加拉大瀑布似的巨响。

纽约市哈利·G.琼斯公司的总裁哈利·G.琼斯在做《犯罪状况》的演讲时是用下文作为开场白的:

> 威廉·霍华德·塔夫脱在担任美国最高法院首席法官时说:"刑法的执行部门简直是对人类文明的践踏。"

这段演说有两大优点，它不但语意惊人，而且引用了权威的法学宣言。

费城"乐观者俱乐部"前任主席保罗·吉本斯对罪犯问题发表演说时，以引人入胜的文字揭开序幕：

> 美国是世界上犯罪问题最糟糕的国家。虽然这一说法会让你目瞪口呆，但它却是真真切切的。俄亥俄州的克利夫兰市的谋杀数字是伦敦的六倍，抢劫数是伦敦的一百七十倍，抢劫犯人数相当于伦敦的总数。每年，该市越来越多人被抢劫或因抢劫而遭袭击，总数相当于英格兰、苏格兰和威尔士的总和。在路易斯大街，每年参与谋杀的人数超过了英格兰和威尔士的总和。在纽约市，谋杀人数也多于法国、德国、意大利或不列颠群岛。然而，令人悲哀的是这些罪犯并未得到惩罚。如果你犯了谋杀罪，你被判刑的几率少于百分之一。因此，因癌症而死亡的人，其几率十倍于因谋杀而被处以绞刑的人。

这段开场白非常成功。因为吉本斯先生在字里行间流露着热情与力量，而且事实材料也清晰明了。然而，我曾听过一些学生也以类似的例子作为开场白，但却显得平庸无奇。这到底是为什么呢？是语言。虽然他们在构建语句结构方面颇有造诣，但却缺乏内在的激情，他们的演讲方式也削弱了其中的力量。

7. 朴实而有深意的开篇

> 听众会排斥过于追求形式的演说。毕竟,我们需要朴实的艺术。
>
> ——戴尔·卡耐基

以下是玛丽·E.里士满在政府立法禁止儿童婚姻的数天前,在纽约妇女选举会的年会上做的演讲。你对这段演讲有何看法?为什么呢?

昨天,当火车驶过离这不远的一座城市时,我想起了几年前发生在那里的一桩婚事。现在我们国家里有许多草率和不幸的婚姻,就正如那桩婚姻一样。所以在今天,请允许我把那桩婚姻的细节介绍一下。

那天是十二月十二日,那城市里的一个十五岁的高中女孩与附近大学的一位刚成年的男孩首次邂逅。三天后,也就是十二月十五日,他们假称女孩已十八岁,免除了获得家长同意的条件领取了结婚证。离开城市婚姻登记处后,他们立即去请一位神父(因为女孩是天主教徒),但神父巧妙地拒绝了帮他们举办婚礼。也许是神父的通知,女孩的母亲获悉了一切。然而,当母亲找到女孩前,他们已由法律宣布为夫妻。

新郎和新娘在宾馆住了两天两夜后,男孩便抛弃了女孩。从此,他们再也没有一起生活了。

依我个人看来,我非常喜欢这样的开篇方式。第一句非常好,它向大家说明将要叙述一件有趣的往事,这就使大家迫切想知道其中的细节。于是,大家安静下来听故事。而且,这个开篇很自然,并无一丝学究气,也不拘谨,也不带有熬夜苦心写成的痕迹。"昨天,当火车驶过离这不远的一座城市时,我想起了几年前发生在那里的一桩婚事。"这样的叙述是多么自然优美,多么有人情味,就如一个人在向另一个人讲述一则有趣的故事。听众是很喜欢这类话语的。相反,他们会排斥过于追求形式,刻意准备的演说。毕竟,我们需要朴实的艺术。

小结

一、开篇演讲并不是件轻而易举的事情,但它却非常重要,因为令人印象深刻的开篇会很快抓住听众的注意力。精彩开篇是不会被听众遗忘的,而且需要精心的设计。

二、开篇应该言简意赅,一两句话就够了。通常,演讲者会用最精练的词句引入后就马上进入演讲的主题,这是所有人都支持的做法。

三、演讲初学者会倾向于以"所谓的幽默故事"或道歉开篇,这两种方式都是很糟糕的。因为没有多少人能真正成功地讲述幽默的故事。要是真的这样做,与其说是愉悦听众,倒不如说是使他们感到困窘。而故事应该是与演讲主题有关的,切忌只为讲故事而硬扯不相关的故事。幽默只能是蛋糕上的冰激凌,而不能是蛋糕本身……不要以道歉开篇,因为它会使听众感到厌烦,因此,应该迅速直接切入主题。

四、以下的方法能够迅速抓住听众的注意力:

1. 激发好奇心(例如:狄更斯的《圣诞颂歌》。)
2. 讲述人们感兴趣的故事(例如:《钻石天地》。)
3. 以具体事例开头(参考本书第六篇。)
4. 运用展示的方法(例如:获取财产时应交出硬币。)
5. 运用提问的方法(例如:大家在走路时曾否捡到过这样的硬币?)
6. 以杰出人物的话语开头(例如:阿尔伯特·哈伯德关于创新的

演讲。)

7. 根据听众的兴趣确定演讲题目(例如：你的预期寿命是现在年龄与八十岁之差的三分之二。要增加寿命，你应定期做身体检查。)

8. 以令人震惊的事实为开头(例如：美国是世界上犯罪问题最糟糕的国家。)

五、开篇不要过于拘谨，或者有很多条条框框，应该尽可能随意自然。因此，可以讲述一下发生了的事情或说过的一些话语(如:昨天，当火车驶过离这不远的一座城市时，我想起了……)

第九篇
如何结束演讲

在即席演讲时,由于现场情况的要求,使材料有所变更,或是中途被打断,或发生了意外的情况,也或许为适应听众的口味,演讲者应准备二至三个演讲结尾以备不时之需。

在各种各样的演讲结尾中,幽默和诗歌更受欢迎。事实上,如果你的结尾能找到合适的韵脚,那么这样的结尾就再理想不过了。它会让你的演讲充满特色、高雅、个性以及美感。

> 在演讲中，结尾也是最重要的一个环节，因为演讲者的结束语将会长久地留在听众的心里。
>
> ——戴尔·卡耐基

你知道，演讲中的哪一部分最能反映演讲者的水平吗？是开头部分与结尾部分。在戏剧界有一句关于演员的古老说法："通过出场和退场，你便可以了解演员的水平了。"

的确如此！几乎在所有活动中，开头与结尾都是最难处理的。例如，在重大的社会活动中，开始与结束不都是力求宏伟吗？在商业会晤中，最难做到的不是营造成功开始的氛围和圆满结束的场面吗？

在演讲中，结尾也是最重要的一个环节，因为演讲者的结束语将会长久地留在听众的心里。然而，演讲初学者很少会意识到这一环节的重要性。他们的演讲结尾仍需要加强。

那么，演讲新手通常会犯哪些错误呢？让我们试着分析并找出相应对策。

首先，有的演讲者在结尾会说："这就是我要说的，我想到此为止了。"这不能算是一个结尾，而是一个错误，这恰恰反映了一个新手的不成熟，是不可原谅的错误。其实，要是你没什么再说了，为何不马上停止而坐回原位呢？其实，这样的举动已使听众知晓你的演讲结束了。

其次，有些演讲者虽然知道自己的观点已陈述完，但却又不知该如何中止。我曾记得乔希·比灵斯建议人们要使牛停下来，不是去抓牛角，而是要拽牛尾巴，因为这样会更容易。然而，那些演讲者就像是抓着牛角的人，虽然费了九牛二虎之力，但总不能奏效。于是只得原地转圈，给听众留下了极不好的印象……

对此，我们应如何采取对策呢？毫无疑问，我们要对演讲结尾进行精心准备。那么，是在演讲中时刻小心翼翼地注意自己措辞的紧张过程中准备呢，还是在演讲前就备好万全之策呢？

其实，即使是出色的演说家，如韦伯斯特、布莱特、格莱斯顿等，虽然他们已具备了高超的语言技巧，但他们也会把结尾一字不漏地写下来并熟记于心上。

如果初学者能像这些出色的演说家那样，那么他们在演讲结尾就不会感到遗憾。但为了确保万无一失，初学者应明确知道自己结尾要说的话，并进行多次练习。当然，这并不要求每次练习的措辞完全一致，但至少要保持意思的准确、完整。

在即席演讲时，由于现场情况的要求，使材料有所变更，或是中途被打断，或发生了意外的情况，也或许为适应听众的口味，演讲者应准备二至三个演讲结尾以备不时之需。

然而，有些演讲者并未真正做过一次完整的演讲。在演讲的中途，他们语无伦次，不知所云，就像一台烧尽了燃油的机器，经过一番挣扎后，只好草草收场。因此，像机器需要更多的燃油一样，这些演讲者需要更充分的准备和更勤奋的练习。

还有许多演讲初学者结束演讲过于突然，缺乏平凡和顺的感觉。

更确切地说，他们并没有真正结束演讲，只是突然停了下来，给人不适之感，显得很不专业。这就好似朋友在谈话中突然停止言论，然后不告而别一样。

林肯在第一次就职演说的草稿中就犯了同样的错误，没有真正的结尾。当时，意见分歧和憎恨情绪笼罩着人们的头脑。几星期后，血雨腥风就要降临到这个国度。林肯要向美国南部各州所做的演讲是以这样的内容结尾的：

> 充满怒气的朋友们，是否发动内战不是掌握在我们手中，而是由你们来决定。只要你们不侵略我们，我们是不会向你们发动进攻的。我们具有最高的权力来维护、保护、捍卫我们的国家，而你们是没有权利来破坏这一政府的。你们可以把战争的灾难强加于她，但在维护她的战争中我们决不会退缩。现在是由你们而不是我们来决定"是战争还是和平"了。

林肯把这份演说稿交给了国务卿西华德。西华德在阅读草稿后，十分恰当地指出了草稿结尾部分过于草率、唐突和具有挑衅性。于是，西华德自己动手写了两个结尾，林肯采用了其中的一个，并稍微做了修改，把它替代到原草稿的最后三句话中去。这样一来，林肯的首次就职演说不再充满唐突与挑衅性，取而代之的是无比友好、至纯至美的诗一般的语言。

> 我不得不要结束我的演说了。但我要衷心地说，我们不是敌人，而是朋友，我们绝不能成为敌人。虽然我们的热情

有所消减，但我们之间的血肉之情是无法被割断的。今天，这一历史时刻的神圣呼声正响彻每一个战场、每一个烈士的坟墓以及生活在这一伟大国度里的每一户人家。明天，在美国人民美德的指引下，这种团结和睦将会为我们再次所拥有。

对于初学者而言，怎样才能在演讲结束时找到感觉呢？这有技巧吗？当然没有，就如文化，由于它微妙复杂，很难有掌握它的固定方法。因此，演讲者要靠感觉，靠理解力。而这就要演讲者熟练而机敏地演讲才能获得。

然而，这些感觉又是可以培养的。通过研究一些成功的演讲者的方法，我们可以从中获得一定的经验。以下节选的是前威尔士王子，在多伦多的帝国俱乐部所做的演讲的结尾部分，以供大家借鉴：

> 先生们，恐怕我今天的演说离题太远了，因为我讲了太多关于自己的事情。但我想说的是，这是我到加拿大以来面对最多听众的演讲，我深感责任重大。我可以向大家保证，我会尽我的全力，不辜负大家对我的信任与期望。

对于这段话，即使是盲人也能听出演讲已结束了。因为它并没有给人丢三落四、欲言又止的感觉，而是圆圆满满地结束了。

著名的哈利·爱默生·福斯迪克博士在皮尔市的日内瓦天主教堂举行的第六次全美社团会议的开幕式之后的那个星期天做了题为《拥有军权的人要慎用自己的权力》的演讲。以下是该演讲的结尾部分，那文笔是多么的优美、深刻、有力。

我们是无法使和平与战争协调一致的——这就是问题实质所在。这也是具有良知的基督徒所要面对的挑战。对人类而言，战争其实是最大的毁灭性社会罪恶，它是一种彻底的、无可挽回的野蛮行径。它的方式与结果并非天主之意，它完全背弃基督教义。我们热切地盼望着基督教的神圣殿堂重拾其伟大之精神，并使之发扬光大，重筑一道防线与异教徒作不屈不挠的斗争，不再逃避自己的责任并招抚好战的国家，坚定地把上帝赋予人类的自由置于国家主义之上。这并不是对爱国主义的否定，而是对崇高的爱国主义的发扬。

今天在这里，作为一名美国人和基督教徒，洋溢在这欢乐祥和的氛围中，我不会为我的国家说些什么。但我要代表我的同胞们重申，我们热切盼望着基督教会担起神圣的使命，这是我们所崇拜、向往、确信它定会成功的使命。我们从事不同的工作，也是为了这一使命，让世界安享太平。这就是我们努力奋斗的最终目标。任何对之的篡改都将是人类的一场巨大的灾难。就如万有引力在物理学中的地位一样，上帝的旨意也是不变的：拥有军权的人要慎用自己的权力。

然而，如果这段结束语缺乏宏伟的语调和风琴般的音调来表达，那么它就不能算是完美了，这正如林肯的第二次就职演说一样。已故的牛津大学校长、凯德尔斯顿的寇松伯爵曾称赞以下的演讲文段为"人类的荣誉与财富……是人类演说史上最纯正、璀璨的宝物"。

一直以来，我们都天真地期盼着这场巨大的战争灾难能早日结束。然而，上帝则认为：只要已存在二百五十年的农奴制仍延续，只要穷苦大众的血汗仍被榨取，那么，我们的愿望就不能实现。这就如三千年前的那句名言："上帝的论断是无比英明和正确的。"

　　胸怀慈善的爱、怜悯的心、坚定的信念以及上帝赋予我们的权利，让我们奋斗在我们的事业上，愈合我们的伤口，关爱饱经战争磨难的人们。总之，为了全人类的和平，我们，我们甘愿付出一切。

　　我可以这样说，以上这一出自于凡人之口的结束语是你读过的最好的一篇……我的想法对吗？要是你认为不是的话，在众多的演讲中，你能找到另外一个更富人性、更动人、更有感染力的结尾吗？

　　威廉·E.巴顿在《林肯的一生》中评述说："葛底斯堡演讲虽然很卓越，然而此演讲比葛底斯堡演讲更为甚之……这是林肯众多演讲中最为出色的一个，它标志着亚伯拉罕·林肯的智慧与精神已达到了最高的境界。"

　　卡尔·舒尔茨也曾写道："这段演讲就像一首郑重、庄严的诗歌，在此之前，并没有哪一位总统向民众发表如此精彩的演讲，也没有哪一位总统的演讲是如此深刻，深入民心。"

　　然而，你并不需要像美国总统或加拿大、澳大利亚的总理那样发表流芳百世的演讲。你的问题在于如何在一群社会工作者面前结束演讲。那么，你如何着手呢？让我们共同探讨一下，看看能否得出一些有用的建议。

1. 总结演讲要点

"重申自己演讲的内容"是很明智的做法。总结时要简洁、迅速。

——戴尔·卡耐基

即使是三五分钟的演讲,演讲者也要注意在结尾总结一下演讲的要点,因为听众仍会不太清楚演讲的主要内容。只有极少数演讲者会注意到这一点,因为他们误认为自己对内容一清二楚,那么听众也理应如此。其实并不然。演讲者已对他的内容深思熟虑了,而对听众来说,这些要点是那么陌生、新奇,它们就像一把子弹射向了听众,有的人会意识到某些东西,但大部分会在困惑中淡然逝去。就像《奥赛罗》中的埃古,"迷迷糊糊知道一大堆东西,但什么都不确切不清楚"。

有位不知名的爱尔兰政治家对演讲提出了自己的看法:"首先告诉听众你打算讲的内容,然后开始演讲,最后再重申一下你演讲的主要观点。"要知道,这个办法颇有可取之处。而且实际上,"重申自己演讲的内容"是很明智的做法。当然,总结时要简洁、迅速,重申一下纲要就可以了。

以下是一个很好的范例,演讲者是芝加哥铁路运营公司的经理。

总而言之，先生们，这种制动装置在我们的部门用过，在东、西、北部的铁路支线上都用过。由于在操作中运用了完美的操作原理和方法，一年来，我们避免了多起事故，挽回了大量的经济损失。这一切深深地震撼了我，促使我急切推荐南部铁路支线也安装这种制动装置。

阅读了这段演说，你就可以对整篇演讲的内容一览无余，因为演讲者把整篇文章的内容都浓缩到这几句话中。

现在，你感受到总结的有效性了吗？要是那样的话，不妨去掌握一下这一技巧吧。

呼吁采取行动

以上引用的演讲结尾也是一个精彩的呼吁采取行动的例子。那位演讲者想推动某种行动：在南部铁路支线上安装一种制动装置。为了说服听众，演讲者列举了采取措施后将能避免事故的发生和经济损失的例证。其实，这并不仅仅是应用性内容的演讲，而且，它是在铁路公司的董事会上所做的。最终，演讲者呼吁安装制动装置的要求得到了圆满的实施。

简洁诚挚的赞美

伟大的宾夕法尼亚州应站在迈向新征程的最前沿。宾夕法尼亚拥有无比强大的钢铁业，孕育了当今世界最大的铁路运输公司，而且是全美第三大农业产地——她是我们商业大厦的基石。她的前景将会更加宏伟,她的领航机遇将更光辉灿烂。

查尔斯·施瓦布把这段文字作为在纽约的宾夕法尼亚社团聚会上演讲的结束部分。这段文字让听众们沉浸在欢乐、幸福、乐观的氛围之中。毫无疑问,这是一个值得赞叹的结尾。但演讲者演讲时必须充满真诚,而不是夸大地奉承才能取得完美的效果。然而,一旦这一结尾方式失败,那么它就是彻底的惨败,到时,听众将一无所获。

2. 幽默结尾

> 当你结束演讲时，你应让听众继续笑个不停。
>
> ——美国演员、剧作家 乔治·科汉

乔治·科汉说过："当你结束演讲时，你应让听众继续笑个不停。"如果你有这样的能力，也有这样的材料，那么，你已万事俱备了。那么应该如何做呢？就如哈姆雷特所说的，这是一个值得思考的问题。而每一位演讲者都应有各自的方式。

没有人会预料到劳合·乔治对约翰·卫斯理的墓碑这一无比庄重的主题发表演讲时会逗得在场的卫理公会派教徒前仰后合。但他真的以无与伦比的智慧做到了。而且，那结尾是如此的优美流畅：

> 我很高兴能够看到大家着手修理约翰·卫斯理的坟墓。你们的义举是会得到尊重的。卫斯理先生特别喜爱整洁，我清楚地记得他说过："作为一个卫理公会派教徒不应该以衣衫褴褛示人。"因此，我们到目前仍未见过一个衣衫褴褛的卫理公会派教徒。（笑声）因此，如果我们对这坟墓不做任何修理，那么，这就是对卫斯理的极其不尊重。大家还记得，一次，卫斯理先生路过德贝郡的一位女孩家时，那女孩跑到门口喊

道:"卫斯理先生,愿上帝保佑您!"卫斯理回答道:"年轻的姑娘,如果你的脸和围裙再干净点,那么你的祝福将会更加珍贵。"(笑声)这就是他对不整洁的态度。因此,为了让他在天堂中俯视其墓时不再受到伤害,我们要好好维护它,让它保持整洁。它是一个值得纪念的、圣洁的神龛,修理它是我们的义务。(掌声)

3. 运用诗歌形式的结尾

> 如果你能在结尾能找到合适的韵脚,那么这样的结尾就再理想不过了。它会让你的演讲充满特色、高雅、个性以及美感。
>
> ——戴尔·卡耐基

在各种各样的演讲结尾中,幽默和诗歌更受欢迎。事实上,如果你能在结尾能找到合适的韵脚,那么这样的结尾就再理想不过了。它会让你的演讲充满特色、高雅、个性以及美感。

"扶轮社"成员哈利·劳德在爱丁堡年会上对美国扶轮成员代表团做了演讲,以下是他的演讲结尾:

> 当你们回家后,其中一些人会给我寄来明信片。如果你寄给我,我也会寄给你一张。你会很容易识别出我寄的那张明信片,因为上面没有贴邮票。(笑声)但是我会在上面写这样的话:
> 一年四季交替变更,
> 　你知道,世界万物生息不停,
> 　然而有一件事是亘古不变的,
> 　那就是我对你的深深爱恋。

这首小诗既符合了哈利·劳德的个性，又贴切了演讲内容。因此，这可谓是点睛之笔。但如果是一些严肃、刻板的扶轮成员在演讲时也采用这个结尾，那么就会显得荒谬可笑。随着教授公共演讲的时间增长，我越来越清晰而且强烈地感受到：没有一条通用的方法能应用到所有不同的演讲场合中去。因为，这要根据演讲的主题、时间、地点以及演讲者等因素而定。就如圣保罗所说的，每一个演讲者都必须"找到自己的方法"。

一次，我参加了为某个来自纽约的专业人士举行的告别宴会。席间，许多人轮流发表演讲，抒发了自己对这位专业人士的赞美之情，并祝愿他在新的天地取得成功。虽然有很多人发言，但只有一篇演讲令人难以忘怀。那是因为那篇演讲运用了诗歌来结尾，那演讲者径直走到要离开的专业人士面前，深情地说道："现在，我们将要分离了，我们祝你好运！"

> 正如东方人那样，我手捧心窝，心潮澎湃；
> 愿真主安拉赐予的平安永伴你身旁。
> 无论你来自哪里，又走向何方，
> 愿真主安拉的美丽手掌护着你。
> 日夜的辛劳令人难忘，
> 愿真主安拉的爱在你心头荡漾。
> 正如东方人那样，我手捧心窝，心潮澎湃；
> 愿真主安拉赐予的平安永伴你身旁。

布鲁克林的 L.A.D. 汽车有限公司的副总裁 J.A. 艾伯特曾对其员工发表关于"忠诚与合作"的演讲。在演讲结尾部分，他引用了吉卜林的《丛林之书》的一段韵文：

> 这就是森林王国的规律——远久且真实，就如蓝天一样；
> 生活在其中的狼群能遵守这一规律就能兴旺，否则就会导致灭亡。
> 就如藤条永远缠绕树干，森林王国的规律也会源远流长——
> 因为猎犬和野狼的争斗永无休止，永不相让。

如果你想在演讲中引用一段诗文，那么你可以到所在城镇的图书馆，并告诉图书管理员你的需要，他就会帮你找出一些有用的参考书，比如巴特利特的《名言引录》。

引用圣言的巨大力量

如果你能引用一段《圣经》来支持你的演讲，那是再好不过了，因为一段精选的圣言会有令听众印象深刻的效果。著名的金融家弗兰克·范德利普对美国的同盟债务国发表演讲时，也是用这种方法做演讲结尾的：

> 如果我们坚持信中的要求，那么这些要求很可能无法实现。如果我们自私自利地坚持，那么我们只会招惹仇恨，而不是获得金钱。如果我们宽宏大量，明智地慷慨大方，那么我们的要求最终会实现，而且收获会超出最初所愿。"只是想着自己的人会一无所有，但不顾自己只想着他人的人也会为自己带来好运。"

4. 导向高潮

> 通过一句话一句话地递进，演讲也会一层一层地推向更高境界。
>
> ——戴尔·卡耐基

在结尾把演讲导向高潮是很受欢迎的做法。然而，这种方法并不容易操作，而且也不适合所有的演讲者或演讲主题。不过，这方法一旦运用成功了，就会精彩无比。通过一句话一句话地递进，演讲也会一层一层地推向更高境界。本书第三篇中关于费城的那篇获奖的演讲就是一个很好地运用这一方法的例子。

林肯曾以此方法为结尾做了一次关于尼亚加拉大瀑布的演讲。在阅读中注意一下，他是如何把尼亚加拉大瀑布的历史与哥伦布、耶稣、摩西、亚当等存在的历史相比较的，而且他的这些比较是如何一浪高过一浪，层层递进的。

尼亚加拉大瀑布唤醒了沉睡的历史。当哥伦布首次发现这一美洲大陆，当耶稣在十字架上饱受折磨，当摩西带领犹太民族穿越红海，甚至当人类的祖先亚当诞生的时候，尼亚加拉早已像现在那样奔腾不息了。就像我们现在所目睹的那样,那些早已埋在我们脚下的物种也目睹了它的风采。从远古到现在,今天的尼亚加拉仍像数万年前那样壮美。虽然许多物种已消失,但它们的灵魂仍在凝视着尼亚加拉,这就是尼亚加拉的风采,它从未停息、从未干涸、从未冰冻、从未睡去、从未休止。

温德尔·菲利普斯在做关于杜桑·卢维杜尔的演讲时也使用了相同的技巧。以下是结尾部分的节选,这个节选经常在许多公众演讲中被引用到。虽然在这个重视实用的年代里,它的辞藻显得过于华丽,但它却充满活力,生动有趣。这篇演讲是在半个多世纪前写的。在演讲中,温德尔·菲利普斯评价约翰·布朗和杜桑·卢维杜尔的历史价值时,预言"五十年后,他们的真知灼见才可能被世人所认识"。这种语言不是很荒谬吗?其实,预言历史就如同预测明年股票市场或油价一样,是几乎不可为的。

也许我要称他为拿破仑,但拿破仑不守誓言,建立了法兰西第一帝国,并使世界血流成河。然而,我们今天讲述的这个人是以"绝不报复"为座右铭和生活指南的。在弥留之际,他用法语对其儿子说:"孩子,当你有一天重返圣多明戈时,不要记恨法国谋害了你的父亲。"也许我要称他为克伦威尔。但克伦威尔只是一个斗士,他所建立的国家与他一起走进了坟墓。也许我要称他为华盛顿,但他却容许弗吉尼亚州保留着农奴制。可我们今天讲述的这个人宁愿废弃国度,也不允许在最贫穷的村庄里有农奴制的存在。

也许你们会认为我今晚的看法有些狂热。但我要说，你们并没有独立自主地看历史，而是带着一定的偏见。五十年后，这些真理将会被认可。那时，缪斯女神将会把福基翁赐给希腊，把布鲁特斯赐给罗马，把汉普登赐给英国，把拉斐特赐给法国，把华盛顿视为近代文明的一朵奇葩，把约翰·布朗视为如日中天的丰硕果实。然后，她用蘸满阳光之笔，在这些名字上写下那位斗士、政治家、烈士的英名——杜桑·卢维杜尔。

5. 适时结束演讲

当听众仍是兴致高涨的时候,你的演讲应该结束了。

——戴尔·卡耐基

我们要反复锤炼、修改演讲的开头和结尾,一旦达到满意的效果,就要把它们完美地结合起来。

现在如果演讲者不能适应快节奏的时代旋律,那么,他们的演讲就会令人反感,至少是不受欢迎。

在这方面,塔尔苏斯的萨乌尔所铸成的错误是无人能比的。一次,他滔滔不绝地演讲个不停,大家都无法忍受。其中一个叫艾伍提可斯的年轻人起身离开回房间睡觉,但他不小心从窗户上摔下来一件东西,差点打断了萨乌尔的脖子。可是,即使这样,萨乌尔仍不肯结束演讲。我们是否遇到过类似的情形呢?我曾记得有一次,在布鲁克林的大学俱乐部举行了一次宴会。那宴会延续了很长时间,许多人在席间都发表了演讲。当时针指向凌晨两点时,轮到一位博士先生讲话。要是他敏感、有洞察力的话,他就应该只说寥寥数语,好让大家早点回家休息。那么,事实如何呢?非常遗憾,他并没有那样做。他做了长达四十五分钟的关于动物解剖实验的长篇大论。其实,早在他演讲未到中途时,听众就已经受不了了,他们多么希望有人像艾伍提可斯那样,也失手从窗户上掉下什么东西，以早些结束这场演讲。

洛里默先生在担任《星期六晚间邮报》的编辑时曾告诉我：当邮报上的连载文章令人意犹未尽时，他就会停止这些文章的刊载。"为什么要停止刊载呢？""而且为什么要选在那个时机呢？"洛里默先生这样说："因为人们最为青睐的时刻标志着厌恶腻烦的心理即将到来。"

这样的道理对演讲同样适用。因此，当听众仍是兴致高涨的时候，你的演讲应该要结束了。

基督耶稣曾做过的最伟大的演讲《山上宝训》只用了五分钟，林肯的《葛底斯堡演说》只有十句话，人们在阅读《人类起源》的整个故事所用的时间比阅读早报上谋杀的故事要少得多……因此，演讲时一定要精简，精练！

尼亚萨市阿克迪肯镇的约翰逊博士曾写了一本关于非洲的原始人类的书。为了写这本书，他曾与这些人共同生活了四十九年之久，积累了第一手材料。在书中，他提到如果演讲者在村落会议上占用太多时间，那么，听众就会大喊"足够了！""足够了！"

据说，在另一个部落里，演讲者的演讲时间只有单脚能站立的时间。他抬起的脚一旦碰着地，那么，他的演讲就得结束。

而对于普通听众而言，虽然他们会更礼貌，更有涵养，但他们不喜欢长篇大论。

因此，要从别人的失败中吸取教训，不断提升自己的演讲水平。

小结

一、演讲的结尾是最具戏剧色彩的。因为最后的部分才是听众记得最长久的。

二、在演讲结尾时,千万不要说"这就是我要说的,我想到此为止了"。虽然演讲要结束了,但不要把"结束"二字说出来。

三、要像韦伯斯特、布莱特、格莱斯顿那样精心准备演讲结尾,然后要反复练习,明确知道自己结尾要说的话。要圆满地结束演讲,不要突然停止或丢三落四。

四、七种有效的结尾方法:

1. 简要地总结演讲的要点
2. 呼唤采取行动
3. 运用简洁诚挚的赞美
4. 运用幽默
5. 引用合适的诗句
6. 引用圣言
7. 导向高潮

五、把好的开头和结尾完美地结合起来。要注意适时地结束演讲,谨记:"人们最为青睐的时刻标志着厌恶腻烦的心理即将到来。"

第十篇
如何让你的演讲表达清楚

许多人之所以表达不清楚,原因是显而易见的,他们对自己要表达的意思也模糊不清。如此晦涩不清的表达又怎能让听众听明白呢?

那些演讲者完全没有意识到,普通大众对他们的专业知识一无所知。因此,尽管他们滔滔不绝,满嘴生香,但对普通听众而言,就如六月雨后的密苏里河水冲上了艾奥瓦州和堪萨斯州新犁过的棉花田一样,一塌糊涂。

> 无论演讲者是否意识到，每一个演讲都有一个目的。
>
> ——戴尔·卡耐基

"一战"期间，一个著名的英国主教在厄普顿兵营面对着一群目不识丁的士兵发表演讲。这群士兵即将开赴前线战场，但当被问及为何而战时，他们绝大多数人都不太清楚。然而，这位主教却跟他们大讲特讲"国际友好"、"塞尔维亚要主权独立"之类的内容。殊不知，多半听众根本不清楚塞尔维亚是何事物。因此，对士兵来说，演讲好像是主教在大声地颂扬"星云假说"，对他们毫无效果。然而，没有一个士兵中途离开演讲大厅，因为在大厅四周早已站满了荷枪实弹来维持演讲的军警。

在此我并不是有意贬低这位主教。要是面对着一群大学生，那么他定会获得成功。然而，面对着这群士兵，他的演讲则是彻底的失败。因为他根本不了解他的听众，而且他对自己演讲的目的以及应采用的表达方式也不清楚。

那么，在此所说的演讲目的意味着什么呢？其实无论演讲者是否意识到，每一个演讲都有一个目的。这个目的不外乎以下四个方面：

1. 向人们阐释什么

2．让人们铭记或相信什么

3．呼吁人们行动

4．供人们娱乐休闲

下面，让我们举一些具体例子来加以说明。

林肯一直都对机械学很感兴趣。有一次，他发明了一项装置，能把搁浅的船只移离障碍物，而且，他也为这项装置申请了专利。接着，他就在他的律师事务所附近的一家机械制造厂制造他的装置模型。虽然这项工作并未取得成功，但林肯对这次探索投入了巨大的热情，当他的朋友到他的办公室观看那装置时，林肯都会不厌其烦地做详细解说。很明显，这些解说的目的就是向人们阐述某些东西。

当林肯在葛底斯堡发表他的不朽演讲时，当他做两次就职演说时，当他在亨利·克莱逝世后做悼念词时——所有这些演讲，林肯的讲话目的就是要让人们铭记什么。当然，要让人们铭记，首先要让人们清楚知道要铭记的东西。但是，在这些情况下，让人们清楚知道什么并不是林肯的主要意图。

当林肯面对着陪审团侃侃而谈时，他是力图赢得有利的判决。当他进行政治演讲时，他是为了获得选票。在这些情况下，林肯的演讲目的是呼吁人们做出行动。

在当选为总统的两年前，林肯做了一次关于发明的演讲，其目的在于供人们娱乐消遣。至少，这是他的主要目的。但是，他并没有取得成功，因为在一个小镇演讲时并没有一个人来捧场。这对于一个著名的演说家来讲是一次巨大的打击。

然而，林肯在其他的演讲中确实都取得了成功，这是为什么呢？因为在那些演讲中，林肯明确地知道自己的目的，知道自己如何去实现它。然而有许多演讲者正是因为没有做到这一点而惨遭失败。

有这样一个事例：我曾看到过有一名国会议员被听众的嘘声赶下古老的纽约剧院舞台。原因是他无意识地、不明智地把阐述问题作为他的演讲目的。当时正值战争时期，这位议员就向听众讲述国家是如何备战的。可是，听众们想要的不是讲授，而是娱乐。出于礼貌，听众们还是很耐心地听着。然而，十分钟过去了，十五分钟过去了，听众们越来越希望演讲马上结束。可是，演讲者仍不慌不忙地絮叨着。终于，听众们忍不下去了，一些人开始喝倒彩，马上，另一些人也附和起来。不一会儿，成百上千的人吹起了口哨，喊叫着。而那位迟钝的演讲者虽然也意识到听众的烦躁情绪，但他仍艰难地坚持下去。而这无疑是火上浇油，听众的烦躁变成了怒火，他们决定要让演讲者停止演讲。于是，抗议声越来越大，汇成了一股怒涛。这怒涛吞没了演讲者的发言，使他几乎听不清自己的话。终于，演讲者被迫放弃了演讲，在羞辱中接受了自己的失败，黯然退下舞台。

以上的例子启示我们一定要明确知道自己的目的。在演讲前要明智地确定好目的，并弄清达到这一目的的方法，然后巧妙地、科学地把它们贯穿到演讲中去。

1. 运用比喻使意思表达清楚

> 表达一定要清楚！再清楚些！
>
> ——拿破仑

对于清楚表达这点，不要低估其重要性和难度。我曾听过一位爱尔兰诗人做专场的诗歌朗诵会，但当时，百分之九十的听众在绝大多数时间里不知其所云。其实，许多演讲者，无论是在公众场合还是在私下场合，都与这位诗人的状况极相似。

我曾与杰出的演说家奥利弗·洛奇先生讨论过公共演讲的要素。洛奇先生曾对大学生和公众演讲了四十年了。他强调，在演讲的重要因素中，首屈一指的是知识储备和准备。其次是要"不遗余力地表达清楚"。

贵族毛奇将军在普法战争爆发时曾对他的部下说："先生们，你们要谨记，任何可以令人误解的命令都会被误解。"

拿破仑也意识到了这一点，他对他的秘书反复强调说："表达一定要清楚！再清楚些！"

当耶稣的门徒问耶稣为何用寓言来教授人们时，耶稣说："因为人们在看、听、理解时都会产生误差。"

当你跟听众讲述一个陌生的主题，那你能指望他们非常容易去理解你的话吗？显然不能，这正如人们通常很难理解学者所做的报告。

那么，我们应该如何去做呢？而耶稣如何去面对这种情形呢？他是借助最简单、最自然的方法：把人们不知道的东西比喻为世人皆知的东西。如天国是什么样子的？未受过教育的巴勒斯坦人怎样才能认识它？于是，耶稣借助广为人知的事物来描述它：

  天国就如家庭主妇手中的酵母，一日三餐都蕴含其中，直到全部发酵；
  天国就如一艘商船正寻觅美好的珠宝；
  天国就如一张渔网，被抛撒在大海中……

这些描述都是通俗易懂的，人们很容易理解它。听众中的家庭主妇每周都会用到酵母，商人们每天都会进行珠宝交易，渔民们每天都会撒网捕鱼。

让我们再来看看大卫是如何清晰地描述耶和华的小心警惕与和蔼可亲的：

  如果我是一只羊，我的上帝耶和华就是牧羊人。他使我无忧无虑，他让我躺在绿油油的草地上，他引导我走向宁静的湖边……
  贫瘠的国度里铺着泛光泽的绿草地……
  羊儿喝着平静的湖水，那是牧羊人的英明之举……

以下的事例既令人震撼又略显诙谐，它同样运用了上面的方法：一些传教士在非洲赤道附近的村落传教，他们把《圣经》翻译成当地的语言。在《圣经》中，有一诗行是这样的："虽然你罪孽深重，但在上帝的指引下，它会变得洁白如雪。"这样诗句应如何翻译才贴切呢？是从文意上吗？要是那样的话就会显得毫无意义且荒谬绝伦。因为当地人从未在二月早晨清理街道上的积雪。其实，"雪"这个词他们根本用不上。对于雪和焦炭，他们肯定说不出个区分来。但他们对椰子再熟悉不过了，因为他们常爬椰树摘下椰子来当作午餐。于是，那些传教士把他们不熟悉的雪换成了他们熟知的椰子。于是《圣经》里的那句子也就被改成了："即使你罪孽深重，但在上帝的指引下，它会变得如椰子肉一样洁白。"

在这种情况下，如此的改编是多么完美啊！

在密苏里州的沃伦斯堡州立师范学院，我听了一个关于阿拉斯加的演讲，但这场演讲遭到了失败。其实，演讲者在许多地方所做的演讲，情况大致如此。那是因为他的演讲既不清晰，又没有趣味，他不像到非洲的传教士那样从听众出发，而是忽视了听众所了解的知识。例如，他告诉我们阿拉斯加总面积为五十九万零八百零四平方英里，人口为六万四千三百五十六人。

五十万平方英里对普通人来说意味着什么？很明显，并无多大意义。因为人们并不习惯使用平方英里。他们无法在头脑中构建一幅图画。其实，演讲者也不清楚五十万平方英里是否相当于缅因州或得克萨斯州的面积。但如果演讲者这样告诉听众，阿拉斯加及其岛屿的海岸线比赤道还要长，它的面积比佛蒙特州、新罕布什尔州、缅因州、马萨诸塞州、罗得岛州、康涅狄格州、纽约州、新泽西州、宾夕法尼亚州、特拉华州、马里兰州、西弗吉尼亚州、北卡罗来纳州、南卡罗来纳州、佐治亚州、佛罗里达州、密西西比州和田纳西州的总面积还要大。那么，这不就给听众们一个关于阿拉斯加面积的更清晰的概念吗？

演讲者说阿拉斯加有人口六万四千三百五十六。能够记得住这一数字长达五分钟之久的只有极少数的听众，即使记住一分钟都是很难的事情。为什么会这样呢？因为数字快速地从演讲者口中滑过，并没有给听众留下清晰的印象，反而像写在沙滩上的数字，既不确切，又不可靠。而且接下去的内容会分散听众的注意力，也会把他们对数字最后一点的记忆抹杀掉。因此，借助一些人们熟悉的事物来表达这一人口数字不是更好吗？例如：约瑟夫大街离大多数听众所住的密苏里州的这一小镇不远，而且，大多数人都去过约瑟夫大街。在那时，阿拉斯加人口比约瑟夫大街少一万。因此，把阿拉斯加与这一城镇比较来说不就更好吗？所以，演讲者可以清晰明了地说："阿拉斯加面积是密苏里州的八倍，但人口只有你们沃伦斯堡的十三倍。"

在以下的例子中，大家不妨比较一下，a段与b段，看哪一段表达得更清楚明白。

a. 离我们最近的星体也有三十五万亿英里远。

b. 如果一列火车以每分钟一英里的速度行驶，那么它到达离我们最近的星体要用四千八百万年；如果在那星体上唱歌，而且歌声能传到这里的话，那么我们要等上三百八十万年；如果一条蜘蛛线能延伸到那个星球，那么这根蜘蛛线将重达五百吨。

a. 彼得大街上的教堂是世界上最大的教堂。它有二百三十二码长，三百六十四英尺宽。

　　b.彼得大街上的教堂是世界上最大的教堂。它相当于两座白宫重叠起来那么大。

　　奥利弗·洛奇在阐释原子的大小和性质时很喜欢使用以上的方法。在对欧洲朋友演讲时，他曾这样说："一滴水中所包含的原子个数相当于地中海中所包含的水滴数。"要知道，当时有许多听众用了一个星期的时间乘船从直布罗陀抵达苏伊士运河。为了使表达更贴近生活，他又比较说："一滴水中的原子数就相当于地球上的小草叶子那么多。"

　　理查德·哈丁·戴维斯向一群纽约听众讲述索菲亚大街上的清真寺时说："它就相当于第五大街剧院里的观众席那么大。"他形容布林迪西海港时说："从海港港尾进入，它看起来就跟长岛城一个模样。"

　　因此，在以后的演讲中要多使用这样阐释的方法。比如，你要描述伟大的金字塔，首先你要告诉听众它有四百五十一英尺高，然后你可以根据日常所看到的建筑物与其做对比。如果你要说它的面积，你可以形容一下它覆盖多少个街区。又如在说到房间的大小时，千万不要只是列举数字，倒不如说一下能装得下多少水。再如，要讲某物有二十英尺高，不妨形容为地板到天花板距离的一点五倍。如果要讲距离有多少竿或多少英里，不妨用从这里到联合车站或到某街道的距离进行比较。

2. 避免使用专业术语

> 那些演讲者完全没有意识到,普通大众对他们的专业知识一无所知。
>
> ——戴尔·卡耐基

如果你的职业技术性很强,比如你是一名律师、内科医生、工程师,或类似具有高度专业性的工作,那么,在对外演讲时,你要倍加注意表达清楚你的术语,必要的时候要给予详细的解释。

我之所以要让大家倍加注意,是因为我曾听过成百上千的演讲,都因术语的晦涩难懂而惨遭失败。显然,那些演讲者完全没有意识到,普通大众对他们的专业知识一无所知。因此,尽管他们讲得滔滔不绝,满嘴生香,但对普通听众而言,就如六月雨后的密苏里河水冲上了艾奥瓦州和堪萨斯州新犁过的棉花田一样,听得一塌糊涂。

那么,这些演讲者怎样做才正确呢?以下是印第安纳州前参议员妙笔提出的宝贵建议,演讲者要认真体味:

> 在演讲中找一个看上去最普通的听众作为演讲对象,然后用通俗易懂的事例和浅显的逻辑吸引他的兴趣。或者把家长所携带的孩子作为演讲对象,用最简单的语言向孩子讲述

问题，以至于孩子能够明白你的意思，如果他能够记得住并复述你的演讲那就最好。到那时，你的演讲就会是简单明了了。

我曾记得一位内科医生在课程上演讲道："利用膈膜呼吸是有利于肠部蠕动和身体健康的。"说完这句话，他就转到另一个话题去了。于是我只好打断他，询问大家是否知道膈膜呼吸与其他呼吸有什么区别，为什么它对身体健康有益，什么叫肠部蠕动。询问结果令医生感到诧异，因为知道的人寥寥无几。于是，医生又回过头去做进一步解释：

  膈膜位于肺的底部，是把胸腔和腹腔隔开的一片薄薄的肌肉。当我们平静地用胸部呼吸时，膈膜就会呈现弓形，像倒置的脸盆。
  当我们用腹部吸气时，气流会冲击着膈膜直至接近扁平。此时，你会感到你的胃部肌肉正压向你的腰部。膈膜的这种向下的压力将会按摩并刺激腹部以上的各个器官，如胃、肝、胰、脾等。
  而当我们呼气时，胃和肠就会向上压膈膜，这是又一次按摩，有利于新陈代谢。
  其实，大量的不健康因素都源自肠道之中。如果我们的肠胃通过膈膜的深度呼吸得以适度的运动，那么诸如消化不良、便秘、自体中毒等症状就会自然消失。

3. 林肯表达清晰的奥妙

> 当我弄明白一个意思后,我并不满意,我会反复地用更浅显易懂的文字把这个意思表达出来,直到任何孩子都能听明白我的话。
>
> ——林肯

为了让自己的演讲更快、更容易被听众理解,林肯非常乐意听取别人的意见和建议。他在国会的首次演讲中用了"裹着糖衣"这一短语,他的私人好友,大众印刷商德弗里斯向他建议说,这一短语在伊利诺伊州进行政治演说是没有什么问题的,但对于一次历史性的发言就显得不够庄重了。林肯回答说:"好的,德弗里斯。如果你认为人们将会不理解'裹着糖衣'这一短语,那么我就修改一下。否则,我就不做变更了。"

曾经有一次,林肯向诺克斯大学的校长格利佛博士解释他如何越来越钟爱通俗易懂的文字。他说道:

> 在我记忆深处,我记得当我还是个小孩的时候,如果他人的话使我无法理解,我会变得很烦躁。我想再没有什么别的能影响我的情绪了。但从那时起,这种情形经常影响我的

情绪。有一次，邻居到我家与父亲聊了整整一个晚上。送走邻居后，我回到卧室却辗转不眠。因为我怎么也搞不清邻居与父亲的一些话的意思。于是我来回踱着步把意思弄个明白。当我弄明白一个意思后，我并不满意，我会反复地用更浅显易懂的文字把这个意思表达出来，直到任何孩子都能听明白我的话。这就是我追求通俗易懂文字的原因，而且也是我持之以恒的动力所在。

林肯的确有这样的热情。新塞勒姆小学校长门特·格雷厄姆证实道："我知道，如果一个意思有三种表达方法，那么林肯就会花上数小时去反复思考哪种表达最好。"

许多人之所以表达不清楚，原因是显而易见的，他们对自己要表达的意思也是模糊不清的。如此晦涩不清的表达又怎能让听众听明白呢？这正如在大雾天气里拍不出好照片那样。因此，这些演讲者应该像林肯那样不断推敲含糊不清、模棱两可的内容，并用通俗易懂的语言表达出来。

4. 充分利用视觉效应

> 如果你要表达清楚，不妨勾画出你的要点，把你的观点形象化。
>
> ——戴尔·卡耐基

正如我们在本书第四篇所提到的，从眼睛到大脑的神经功能要比从耳朵到大脑的神经强得多。科学知识告诉我们，视觉功能是听觉功能的二十五倍。

中国有句古老的谚语"百闻不如一见"，也表达了同样的道理。

因此，如果你要表达清楚，不妨勾画出你的要点，把你的观点形象化。这也是已故的著名国家资产注册公司的总经理约翰·H. 帕特森常用来演讲的方法。他曾为《系统杂志》写过一篇文章，向他的工人和销售部门介绍这一演讲方法：

> 我认为，只凭演讲措辞就让听众理解你或接受你是不可能的。因此，演讲时还要有其他手段辅助。利用图画说明正确与错误是个很好的方法。图表比单纯的文字更有说服力，但图画的说服力更胜于图表。这种理想的表达方法就是把各要点用图画表示出来，而它们之间就用文字连接。很早以前

我就发现了用图画说明远胜于我的口头表达。

其实，运用奇形怪状的图画反而有惊人的效果。我有一整套制作卡通或"图画语言"的系统：一个圆圈加一个美元符号代表一张纸币，一个书包加一个美元符号代表许多纸币。月亮形状会有许多好的效果。比如，一个圆圈内画上五条横线代表眼睛、鼻子、嘴巴和耳朵。改变这些线条会使面孔有不同的表情：落伍的人的嘴角是向下的，而嘴角上翘的面孔则代表紧跟时代潮流的人。虽然这些图画很朴实，但最有效的图画并不一定是最漂亮的，而是能够表达观点或进行对比的那些。

如果一幅画里有一大袋钱币与一小袋钱币放在一起，那么它们很容易被想象成有着相对思想的两个头，一个多拿一点钱，一个少拿一点钱。要是你边演讲边迅速画出这一幅画，那么，听众就会跟着你的指引，一步步地理解你的意思。同时，听众们也从中感受到幽默感。

我曾雇佣过一位画家跟我一起奔走于各画店之间，对于那些不好的画，我们都悄悄地勾画下来，然后把它完善成美丽的图画。接着，我会在公众面前展示这些作品。当我听说有幻灯机后，我马上买了一台，利用它，我可以把图画投到屏幕上，这样，比起画在纸上更有效。后来，动画问世了。我想我是首批产品的使用者。现在，我的动画片子已装满了一大房间，幻灯片也有六万张了。

当然，并不是任何的演讲主题或场合都适合借助图画的。但如果在适当的时候,我们应该使用这一方法。因为图画能吸引听众的注意力,激发他们的兴趣,并使我们的表达更清楚易懂。

洛克菲勒抽取硬币

洛克菲勒先生曾在《系统杂志》上阐释了如何利用视觉来清晰地说明科罗拉多燃料和钢铁公司的财务状况:

> 我发现科罗拉多燃料和钢铁公司的员工们都认为我们洛克菲勒家族通过股息从公司获得巨额利润,而且很多人都是这样说,我告诉了他们实际情况。我们与其合作的十四年里,并没有通过股票获得哪怕是一分钱的分红。
>
> 在一次会议上,我特意对公司的财务状况做了实质说明。我先把一些硬币放在桌面上,然后拿掉其中一部分代表员工的工资——这是最基本的一部分。接着再拿掉一部分表示行政官员的薪水,而剩下的部分则代表各董事的费用。那么,股东是没有得到任何一部分钱的。于是,我问大家:"在公司里,我们同样都是合作者。然而其他三方都或多或少地得到了收入,而股票持有者却一无所获,这难道是公平的吗?"

我们应充分利用明确而且特定的画面来产生视觉效应。因为鲜明的画面能够像鹿角旁挂着一轮夕阳那样清晰,令人过目不忘。例如,"狗"这词可以让人的头脑中或多或少浮现出一些狗的特定图片——也许是一只可卡犬,一只苏格兰梗狗,一只圣伯纳犬,或者是一只波美拉尼亚品种的小狗。假如我说"斗牛犬",那么你头脑里的图片就会变得更清晰，包含的内容少而精。同样，"一只有斑纹的斗牛犬"就更明晰了。那么，"一匹黑色的设得兰矮种马"与"一匹马"相比，"一只白色的断了一条腿的雄性矮脚鸡"与"家禽"相比，前者比后者更能让人构想一幅更明确、鲜明、生动的图画。

5. 运用不同词语重申要点

> 在演讲中,要点是需要多次重申的。当然,不要使用同样的词句,否则,听众会十分厌烦的。
>
> ——戴尔·卡耐基

拿破仑认为,重申是修辞学中最重要的原则。因为他知道一个观点对演讲者来说很清楚,但这并不意味着听众一听就马上能接受。毕竟,人们接受一个新思想是需要时间的,而且还需要人们对之持久的思考。简而言之,在演讲中,要点是需要多次重申的。当然,不要使用同样的词句,否则,听众会十分厌烦的。要是能够在重申观点中不断变换措辞,那么,听众根本不会意识到你是在重申观点。

让我们看看一个具体的例子。已故的布赖恩先生曾说过:

> 在演讲中,如果你对主题都不甚了解,那么听众也不能理解。而如果你对主题理解得越深刻,那么听众也会理解得越明白。

在这段话中,后一句是对前一句话的重复。但在演讲中,听众无暇去顾及它是否重复。反而,他们会感到更清楚明白。

在教授这一课程时我多次提出这一点。因为有部分演讲者本应可以使用重复的方法讲得更清晰、更深刻的,但他们却没有这样做,尤其是初学者会忽视这一点。这是多么令人扼腕啊!

7. 运用说明和具体事例

在演讲中表述要具体、明确、确定。

——戴尔·卡耐基

能够使要点表达清楚的最保险、最容易的方法莫过于运用一般的说明和具体的事例。那么，一般的说明与具体的事例这两点有何区别呢？顾名思义，前者是一般性的，后者是具体的。

那么，让我们通过一个具体例子来阐述一下它们的区别及用法。假设我们要说："有些职业人士的收入大得惊人。"这句话的表达清楚吗？读完后，你是否能懂得说话者要真正表达的意思？当然不能。而且即使是说话者也不能确定你是如何理解这句话的。它可能会让居住在奥索卡山区的医生想到居住在小城市的家庭医生年收入为五千美元，它也可能会让一位成功的矿业工程师联想到他的同行每年有十万美元收入。因此，这句话的表达是非常含糊和不确切的。它需要更严密的表达。而且，内容需要做详细的说明，比如，是哪些职业，何谓"大得惊人"。

这些职业人士有律师、职业拳击手、作曲家、小说家、剧作家、画家、演员、歌手等，他们的年收入比总统还要多。

那么，现在这个表达不是更清楚了吗？然而，这个表达并未足够具体,仍然是泛泛而谈。比如,说"歌手",并没有具体到哪位歌手,是罗莎·庞塞尔、齐尔丝腾·芙拉格斯塔特还是莉丽·庞斯。

因此,以上那段话仍显得模糊。那么,假如演讲者借助一些具体例子是否会讲得更清楚明白呢?让我们一起来看看以下的这段话:

> 大律师塞缪尔·昂特迈耶和麦克斯·施托伊尔每年赚一百万美元。杰克·登普西的年收入为五十万美元。乔·路易斯作为一名未受过教育的黑人拳击手,在二十几岁时年薪已超五十万美元。欧文·柏林的爵士乐据说也为他每年赚取五十万美元。西德尼·金斯利每周演出可赚一万美元。H.G.威尔斯坦言他的自传为他带来了三百万美元的收益。迭戈·里维拉从他的绘画中每年赚五十万美元。凯瑟琳·康奈尔曾一度拒绝周薪五千美元的广告报酬。

至此,演讲者的本意终于得到了清晰、生动、具体、确切的表达了。

因此,在演讲中表述要具体、明确、确定。这不但使内容显得更清晰,而且给人以深刻的印象,更有说服力和吸引力。

8. 不要仿效山上的山羊

> 你应当量体裁衣,把演讲的旁枝蔓节做相应修剪。
>
> ——戴尔·卡耐基

威廉·詹姆斯教授在一场对教师的演讲中途停下来评论说,演讲者在一个演讲中应只设一个要点。然后,他用了约一个小时来举一个范例。最近,我听了一场限时三分钟的演讲。其中,有一个演讲者在开始时就告诉我们他要讲十一个要点。也就是说,十六点五秒一个要点,多么不可思议啊。这简直是聪明人在做荒谬的尝试。也许,我在这里选择了一个较极端的例子,但即使没有那样荒谬,这种类似的错误也会阻碍许多初学者前进的步伐。这样的演讲者就如航海者库克的导游力图用一天时间遍游巴黎,或用三十分钟参观美国自然历史博物馆。这也许能做得到,但并不能给人留下清晰的印象,也无法获得愉悦的体验。其实,有许多演讲者在有限的时间内涵盖太多内容,致使表达不清楚而导致失败。他从一个要点匆匆忙忙跳到下一个要点,就像山上乱窜的山羊。

其实,许多演讲应短小精悍。因此,你应当量体裁衣,把演讲的旁枝蔓节做相应修剪。例如,假如你要做关于工会的演讲,千万不要面面俱到,如它的由来,它的运转方式,它的成员、不足以及如何解决劳资纠纷等。要是你仍坚持那样做，没有人能清楚把握你所说的内容，那么你的演讲就会变得一塌糊涂。

因此，只是抓住一个要点，然后充分而深刻地进行阐述不是更好吗？而且，这样的演讲会给听众留下深刻的印象，让听众理解透彻，易于记忆。

然而，如果你一定要涵盖主题的几个方面要点，那么最好在结束部分做简要的总结。那么应该如何总结呢？以下是本篇的总结，看看这些总结是否能帮助你更清楚、明白地理解本篇内容。

小结

一、演讲时，清楚的表达具有重要的意义，但这点并不容易做到。耶稣宣称他之所以用寓言来教授人们，是"因为人们在看、听、理解时都会产生误差"。

二、对于人们不认知的事物，耶稣会把它们比喻为世人皆知的东西，如他把天国比作家庭主妇手中的酵母、大海中的渔网以及正寻觅珠宝的商船。类似地，如果你要介绍阿拉斯加的面积，千万不要只是引用数字，而应借助其他州的面积来进行比较。而对于人口数，应借助你演讲所在地的人口数进行比较。

三、当面对着一群非专业人士演讲时，应避免使用专业术语，而且应像林肯那样，尽力做到让每一个孩子都能听懂你的演讲。

四、你一定要确保你对演讲内容清楚明白，就如正午的太阳在你头脑中清晰明了那样。

五、要充分利用视觉效应，可以适当利用展示、图画、例子等。但一定要确切。比如你要说"一只右眼有一块黑斑的猎狐梗狗"，而不要只是用"狗"这一词来阐述。

六、重申你的要点。但不要用相同的文字单纯地重复，而应运用不同的词句让你的听众没有意识到你在重申要点。

七、运用一般的说明，或者最好运用具体的事例对你的抽象内容做阐释，使其清晰、易懂。

八、在演讲中不要包含太多的要点。在一篇短小的演讲中，一两个要点已足以去做充分的阐述了。

九、在演讲结尾时应对你的要点做简要的总结。

第十一篇
如何激发听众的兴趣

一个听众能理解演讲者的话,说明在他的头脑里已创造出相对应的图景。因此,要是演讲者使用模糊的、陈腐的、毫不鲜明的措辞,那么只能让听众打起瞌睡。

在演讲中,如果你讲一些理论或抽象的观点,会让听众感到厌烦,但如果你对他们讲一些关于人的东西,那么他们就会提起注意力。

> 人们对一无所知的新知识跟耳熟能详的旧知识一样都不感兴趣。
>
> ——戴尔·卡耐基

现在，你正在读的这一页书，摆在你面前的这一张纸，是如此的普通，对吗？也许，你已见过无数张类似的纸了，它们是那样的枯燥乏味。但是，如果我要告诉你关于它的奇妙的事实，你一定会感到兴致盎然。那么，让我们一起来看看：这张纸看起来像一个固体，但事实上，它是一个蜘蛛网状的东西。物理学家知道这张纸由原子构成，而原子是多么小啊！在第十篇中我们提及过，一滴水中的原子数就相当于地中海里的水滴数或整个世界的小草叶片数目。那么，组成这张纸的原子是否包含更小的微粒呢？答案是肯定的，它们是电子和质子。电子围绕着中心的质子做高速旋转，这就相当于月亮围绕地球转一样。电子的旋转速度相当惊人，约每秒一万英里，也就是说，摆在你面前的这张纸中的电子，在你阅读的一瞬间已经越过了纽约到东京之间的距离。

两分钟前，你可能认为这张纸平静而乏味，但事实上，它包含了大自然的奥妙，是一场真正的能量飓风。

如果你现在对它产生了兴趣,那是因为你获得了新奇的知识,而这正是激发人们兴趣的秘诀所在。要是你在每天的交际中都运用这一技巧,那么,你将会获益匪浅。然而,人们对一无所知的新知识跟耳熟能详的旧知识一样都不感兴趣。他们想获得的是关于旧事物的新知识。例如,你对着伊利诺伊的农民谈布尔日的天主教堂或蒙娜丽莎,是无法激起他们的兴趣的,因为农民们对此根本不认识,与他们的兴趣没挂上钩。但如果你跟他们讲述荷兰的农民在低于海平面的地方耕作、修堤造桥,定会让他们备感兴趣;而如果你再告诉他们荷兰农民在冬天与自家的牛同住一屋,在大雪纷飞的日子里,奶牛会怡然地透过花边窗帘欣赏外面的景色,那么,他们定会惊讶得张大嘴巴,因为这是他们熟悉但又新鲜的事情。于是,他们会惊叫道:"花边窗帘,为了一头奶牛!要是那样的话,我肯定会被诅咒的!"随后,他们会把这个故事讲给他们的朋友听。

以下是一篇演讲稿,当你阅读时,看看它能否激发你的兴趣。要是可以的话,想想为什么。

硫酸对我们的影响

大部分液体是以品脱、夸脱、加仑或桶为计量单位的。我们通常会说几夸脱酒、几加仑牛奶、几桶糖蜜。当发现一口新油井时,我们会说它日产量是多少桶。然而,有一种液体由于其产量与消耗量巨大,因此它是以吨为计量单位的。这种液体就是硫酸。

硫酸在我们的日常生活中无处不在,如果没有硫酸,那我们得回到古老的马车时代。因为我们的煤油和汽油都要用硫酸来提炼，我们的办公室里、餐桌前、寝室内的电灯都不能离开硫酸的作用。

当你早上起床洗浴时，你所使用的镀镍水龙头的生产是离不开硫酸的。你的搪瓷浴缸也同样要以硫酸为生产要素。肥皂是以油脂或石油为原料的，而油脂和石油是要通过硫酸来加工的……还有你的毛巾、毛刷上的刷毛、赛璐珞质地的梳子、剃须刀等，它们的生产都离不开硫酸。

当你穿上内衣，扣好外套时，你是否想过，衣服在漂洗和染色的过程离不开硫酸，纽扣的制作需要硫酸，皮鞋上的皮革与硫酸打过交道，擦皮鞋的油也含有硫酸。

当你下楼来吃饭时，如果茶杯跟茶托不够洁白，那么它们需要用硫酸来清洗，硫酸也用来清洗镀金属物品。如你的汤匙、小刀、叉子，如果它们是镀银的，那么它们肯定泡过"硫酸浴"。

你早餐所吃的面包或蛋卷是以小麦为原料的，小麦在生长过程中需要磷酸盐做肥料，而磷酸盐的制作需要硫酸。你所服用的糖浆药剂也与硫酸发生过关系……

总之，在一整天中，硫酸每时每刻都影响着你，无论你走到哪里，无论是在战争年代还是和平年代，你都无法摆脱它的影响。虽然我们很少会看到硫酸的样子，我们也不熟悉它，但它却是我们生活中不可缺少的原料……这就是硫酸在我们生活中所扮演的角色。

1. 世界上最令人感兴趣的三样事物

> 只有我们自己的东西才会引起我们的兴趣。
>
> ——戴尔·卡耐基

你认为世界上最令人感兴趣的三样事物是什么呢？依我看是性爱、财富和信仰。我们可以通过性爱繁衍人类，通过财富来保障生活，并通过信仰寄希望于明天。

但是，这必须是我们自己的性爱、自己的财富、自己的信仰。因为只有我们自己的东西才会引起我们的兴趣。

我们不会对如何形成秘鲁人民的民族意识感兴趣，但我们会对如何形成我国的民族意识饶有兴趣；我们对印度的信仰不会有什么热情，除非是出于好奇心，但我们会十分关心给予我们无限希望的我们自己的信仰。

当已故的诺斯克里夫勋爵被问及人们对什么感兴趣时，他只用了四个字回答："他们自己。"作为大不列颠最富有的报纸业主，诺斯克里夫勋爵是有资格这样说的。

那么，你想知道你是属于哪种类型的人吗？对了，我们将谈论一个有趣的话题，我们要谈论一下关于你的问题。它就像一面镜子，让你照看一下你自己，认清一下你自己，观察一下你自己的幻想。那么，幻想是指什么呢？让詹姆斯·哈维·罗宾逊为我们阐述一下吧。以下是节选自《思想的来源》的文段：

> 在清醒的时候，我们的大脑一直在运转着，而绝大部分人也会认为即使在我们休息的时候，大脑也会在不停地思考，虽然此时的思考不大理性。当不被外界干扰的时候，我们处于一种幻想状态，是一种自发的，但又备受自身欢迎的状态。在这种状态下，我们的思想随着我们的愿望与恐惧，随着我们的成功与失败，随着我们的喜好厌恶以及不满而自由地发展，因为没有比我们自身的东西更能吸引我们自己了。虽然幻想是无意识的，但它又在这无意识中不断地围绕着我们。在自己和别人身上觉察到这一点，真令人感到有些可笑与可叹。平时，我们会对此置之不理。但一旦我们对此认真思考，就会发现它正如正午的太阳一样耀眼。
>
> 其实，幻想是形成我们基本人格的前提，是我们人生经历的反映……而这些幻想勿庸置疑地会影响我们对自我定位和自我判断的思考，而这些思考又主要是以幻想为出发点。

因此，你要谨记，当人们不再为家务或工作操劳时，他们的大多数时间会用来反省自己或欣赏自己。对普通人而言，与其关心意大利还清对美的债务，倒不如关心自家的生活垃圾；他们宁愿多看看钝了的剃须刀，而对南美洲革命不屑一顾。对女人而言，牙痛会比造成五十万人死亡的亚洲大地震更令她们沮丧，她们宁愿听别人夸奖自己，而对历史上最伟大的十位人物毫无兴趣。

许多人在交谈中不能成为优秀的交谈者，是因为他们只顾谈些自己感兴趣的，而对别人来说则是厌烦的东西。其实，在交谈过程中，你应让别人谈些他们自己的事情，如他们的爱好、他们的工作、他们的高尔夫球技、他们的成就。如果你的谈话对象是一位母亲，那么就让她谈谈自己的孩子等。而你在一旁专心听讲，不时给予愉悦的反应，那么，即使你很少发言，你也会被认为是一位优秀的交谈对象。

　　来自费城的哈罗德·德怀特先生在公众演讲课程的期末考试中发表了一次演讲。而这场演讲是在一次晚宴上进行的，结果取得了很大的成功。在演讲中，德怀特先生谈及了宴会桌上的每一个人，讲述了他们是如何开始演讲的，又如何取得进步，并列举了他们的演讲题目，他们讨论过的问题。前后，他还模仿了一些演讲者，夸张地再现了他们的特点。结果，在座的各位开怀大笑，兴致盎然。这样的演讲素材无疑是水到渠成，非常理想的。天底下没有其他的素材更能引起当晚的听众如此大的兴致，而德怀特先生是深刻知道如何去迎合众人的心理的。

2. 赢得二百万人认可的思想

> 要知道，公众是自私的，他们只对自己的事情感兴趣。
> ——约翰·M. 斯达尔

数年前，《美国杂志》获得了惊人的发展，它突飞猛进的发行量轰动了整个出版界。其中的奥妙是什么呢？那是由于已故的约翰·M. 斯达尔以及他的思想。当我初次见到斯达尔先生时，他已负责杂志的激发公众兴趣部门的工作。那时，我已为此杂志写过几篇文章。而有一天，他跟我相对而坐，长谈了许多：

> 要知道，公众是自私的，他们只对自己的事情感兴趣。他们对政府是否拥有铁路的权利毫无兴趣，但他们都希望知晓如何取得成功，如何赚更多的钱，如何保持身体健康等。如果我是杂志的编辑，我一定会告诉他们如何保持牙齿健康、如何洗澡、如何在炎热的夏季保持凉爽、如何获得工作、如何管理员工、如何买房、如何记忆东西、如何避免语法错误等。读者对人物故事是很感兴趣的。因此，我会邀请一些富人讲述如何在房地产业赚大钱，我也会邀请杰出的银行家或各大公司的董事长讲述自己是如何在激烈的竞争中走向成功的。

这次谈话后不久,斯达尔真的担任了编辑一职,但在其后的一段时间里,发行量相对少了一点。然而,希登道仍然坚持按照他所说的去做。结果如何呢?出人意料地,杂志销售量猛增到二十万、三十万、四十万、五十万份……因为公众想知道的东西都在杂志里。不久,杂志又发展到每日销售一百万份,接着是一百五十万份,最后到二百万份。然而,发展并没有到此停止,在随后的数年里,销售数字仍在不断增长。这一切,正是因为希登道满足了读者的个人兴趣。

3. 能吸引注意力的演讲素材

> 要是善于充分利用人们的有趣故事，即使是普通的演讲也会极富吸引力。
>
> ——戴尔·卡耐基

在演讲中，如果你讲一些理论或抽象的观点，会让听众感到厌烦，但如果你对他们讲一些关于人的东西，那么他们就会提起注意力。其实，在大街小巷、茶余饭后的众多议论中，人们最关注的是什么问题呢？是人。比如，有的人会说某某太太做了啥事，他看见某某人做各种各样的事情，某个人突然间赚了笔大钱，等等。

我曾给加拿大和美国的在校孩子做过多次演讲，在演讲中我发现，如果要让孩子们对我的演讲感兴趣，我不得不给他们讲一些人物故事。一旦我涉及一些抽象的观点或泛泛而谈，他们就会坐立不安、抓耳挠腮，甚至交头接耳。

曾有一次，在巴黎，我让一群美国商人谈谈"如何取得成功"。他们大多数都是称赞家庭美德，歌功颂德，这都让听众感到很厌烦。（最近，我偶然听到了一位全美最杰出的商业人士在广播里做同样的主题的演讲。结果，他犯的也是同样的错误。其实，许多俱乐部或巡回演讲也是这样。）

因此，在演讲课程上，我会中止演讲而说："我们不喜欢被告知，没有人会享受这样的情形。要谨记，你们要激起听众的兴趣，否则，大家是不会注意你所讲的内容的。而且要记住，世界上最能吸引人的东西莫过于经过美化后的传说。因此，你不妨给大家讲讲你认识的两个人的故事，为什么一个会取得成功，一个会走向失败。大家对此是很乐意去听的，而且也容易让人记忆，并从中获得收益。而且，讲这些故事比起抽象的、冗长的说教要容易得多。"

在本课程中，确实有一个学员常常觉得很难去愉悦自己或者其他人。然而，他接受了我的建议，在一天晚上的演讲中，他给我们讲述了他大学里的两位同学的故事。

其中一位同学非常俭朴，即使是买一件衬衫，他也要在镇上的不同商店里反复挑选，比较其洗烫效果、耐穿程度，以保证每分钱都花得最有价值。他的头脑里总是装着一分一分钱。从工程专业毕业后，他又对自己定位颇高，不愿意像其他同学那样从底层做起。即使是到毕业三年后的同学聚会，他仍保持着以前买衣服的习惯，而且时刻盼望着幸运之神会降到他身上。当然，那幸运之神从未来过。从那时起，二十年又过去了，而这位从不满足、终日闷闷不乐的人仍然一事无成。

接着，演讲者又举了另一位同学的例子，其取得的成就超出了同学们的预料，与前一位同学形成了鲜明的对比。这位特殊的小伙子是属于混合性格的人，每一个人都喜欢他。虽然他抱有远大的理想，但他甘愿从小事做起，成为一名制图员。但同时，他又总是在寻找着机遇。机遇终于来了：全美的展览将会在布法罗举行。他知道自己的工程学知识将会派上用场，于是，他辞去了费城的工作来到布法罗。由于他讨人喜欢的性格，使他结识了一位在当地极富政治影响力的人物。接着，他们两人结成了合作关系，迅速订立了商业合同，共同为电信公司提供相当多的服务。由此，小伙子最终领得了高额薪水，成为一名千万富翁，并成为西部工会的主要负责人。

在这里，我们只对这位学员的演讲择其大概而已。其实，在演讲中，这位学员妙语生辉，使听众兴致勃勃，并深受启发……平时，这位学员经常为翻找三分钟的演讲素材而烦恼。而这次，他不停地讲，在不知不觉中已过了半个多小时。由于这场演讲精彩无比，以至于听众都觉得只是一瞬间罢了。这次演讲真可谓是这一学员的首次真正的成功。

从这件事中，我们每个人都应受益良多，要是善于充分利用人们的有趣故事，即使是普通的演讲也会极富吸引力。因此，演讲者应适当减少要点，不要苛求面面俱到，并借助具体的事例做深刻的阐述。这种方法能够吸引听众的注意力，而且屡试不爽。

如果允许的话，我们所举的事例应尽量涉及人们为胜利而进行斗争的内容。因为人们总是对打架和战斗充满兴趣。有一句老话说"全世界的人都喜欢情人"。而我并不这样认为，应该是"世界喜欢打架"，因为人们热衷于看到两个男人为了一个女人而争斗不休的情景。要是想看看具体事例的话，你不妨去读一下小说或杂志里的故事，或看看电影。每当英雄男主角克服重重困难获得了女主角的垂爱时，人们就会欢呼雀跃，甩衣扔帽，五分钟后，清洁工人只好边拿着扫把，边喋喋不休。

其实，几乎所有的杂志都遵循这样的程式：让读者喜欢故事中的男主角或女主角。其中，故事阐述了男、女主角的强烈愿望，编造一些必须要克服非常艰难的阻碍才能得到的东西，然后展示男、女主角为实现愿望而英勇斗争，最后实现理想。

因此，关于一个人如何在工作中战胜艰难险阻，最后走向成功的故事是非常鼓舞人心的，也是挺吸引人的。一位杂志编辑曾告诉我，任何个人生活中的真实故事都是很受欢迎的。如果一个人不断地抗争与奋进——恐怕没有人不是这样——那么，只要他的故事被恰当地表达出来，就一定会极富吸引力。这一点已是不容置疑的了。

4. 要使演讲具体化

> 不管演讲者是否接受过正规教育，只要他的演讲具体生动，就会产生强大的吸引力。
>
> ——戴尔·卡耐基

在同一次公共演讲班中，曾有两个学员：一个是哲学博士，另一个是曾在英国海军度过三十年青春，看起来粗鲁但实际十分友好的男人。当时，那个优雅的学者是一所大学里的教授，而后者则是一家小型运货公司的业主。然而，令人惊讶的是，小型运货公司业主的演讲比大学教授的演讲更受欢迎。这是为什么呢？虽然大学教授的演讲词句优美、富有逻辑、表达透彻，而且举止温文尔雅，但却缺少了演说中的一个重要因素——具体化，而显得笼统、模糊。然而，小型运货公司业主在演讲中径入主题，而且内容生动具体，加之他本身的男子活力以及令人耳目一新的措辞，使他的演讲获得了成功。

我之所以在此引用这两个例子，并不是因为它们很特殊，或者是要对来自不同职业的演讲者进行比较，而是力图说明：不管演讲者是否接受过正规教育，只要他的演讲具体生动，就会产生强大的吸引力。

这一原则非常重要。为了让你对此有充分的认识，我在此举几个例子，好让你把此重要性铭记于心，不会忘记。

假如要描述马丁·路德,一种说法是他是一个"固执而倔强"的孩子,而另一个说法是他坦言在一个上午被老师"打了十五次之多"。那么,哪一种说法会更吸引人呢?显然,"固执而倔强"不足以给人以强烈的吸引力,而"打了十五次之多"则让听众更容易去理解。

以前,人们写自传的时候总要借助于一些普遍性原则,这正如亚里士多德所称的"人们不灵活头脑的庇护"。现在,人们写自传时则会借助自身的具体事例。运用旧的方法的传记作者会说"约翰的父母贫穷但诚实"。而按照新的方法就会是"约翰的父亲没钱给自己买一双套鞋。当大雪纷飞的日子来临的时候,他不得不用黄麻袋布把鞋子裹起来,以保持双腿干燥与暖和。但是,尽管家境贫困,他从不在牛奶中掺水,绝不把患病的马当作健康马来出售"。这样,后者不是同样表达了"贫穷但诚实"吗?而且,这样的表达不是更有趣生动吗?

既然现代自传如此,那么现代的演讲也不例外。

让我们再来看看另一个例子吧。假设你要告诉人们尼亚加拉河每天都在浪费其潜在的巨大的水力能源,而且你也这样表达了,同时你又补充说,对这些水能的利用会对我们的生活有很大的帮助。那么,这种表达是否会激起听众的兴趣呢?绝对不会。以下是引自埃德温·S.斯洛森发表在《科学信息日报》上的文章,你不妨对照一下,他的表达是否更精彩呢?

我们知道,在我们的国度里仍有数百万人遭受贫困和营养不良的折磨,但尼亚加拉河每小时浪费的水能折合成经济价值,就相当于二十五万个面包或六十万个新鲜鸡蛋掉到悬崖下或制成超巨型的煎蛋卷。要是用印花布来计算,这些水能的损失就相当于尼亚加拉河四百英尺宽的河面上铺上的印花布的价值。如果要折算成书籍的价值，那么，一两个小时内它就可以抵得上一个卡耐基图书馆了。或者我们还可以把它想象成每天从伊利湖那边冲下一间大超市，然后所有的物品被一百六十英尺下的石头撞碎所造成的损失。

无疑，这种表达气势恢宏，极富情趣。它没有多余词句，所有的表达都吸引着读者。而且，它极富启发性，不但激起了人们反对浪费水能的意识，也让人们意识到平时的浪费的不对。

5. 使用能在人们头脑中创造图景的措辞

> 创造图景，就像你呼吸空气那样轻快自在。因此，把它运用到你的演讲中、你的交谈中，那么你的话语将会更有趣，更富影响力。
>
> ——戴尔·卡耐基

在组织一篇极富吸引力的演讲中，有一种技巧是最重要的，但它总是被人们所忽视，而且，普通的演讲者对此一无所知，他们在意识里根本没考虑过这一技巧。这种技巧就是使用能在人们头脑中创造图景的措辞。通常，一个听众能理解演讲者的话，说明在他的头脑里已创造出相对应的图景。因此，要是演讲者使用模糊的、陈腐的、毫不鲜明的措辞，那么只能让听众打起瞌睡。

创造图景，就像你呼吸空气那样轻快自在。因此，把它运用到你的演讲中、你的交谈中，那么你的话语将会更有趣，更富影响力。

那么，让我们以《科学信息日报》中关于尼亚加拉河的摘录为例子来阐述一下。请大家看看这些图景文字，它们就像蹦蹦跳跳的澳大利亚的兔子，蹦跳于每一句话之中。"二十五万个面包或六十万个鸡蛋掉到悬崖下或制成超巨型的煎蛋卷""四百英尺宽的河面上铺上的印花布""一个卡耐基图书馆""水流下的一间大超市，物品被石头撞碎"。

这样的演讲是很难被听众忘怀的，就正如电影院放映的动作片的精彩片段一样令人过目不忘。

赫伯特·斯宾塞在他的著名小品文《经典哲学》中早已指出能激发大脑构图的措辞的卓越之处：

> 我们在思考问题时，通常不是从一般意义上出发，而是从特殊问题上进行……因此，我们应该避免使用类似于下面的句子：
>
> 与礼仪相比，一个国家的风俗和消遣通常是残酷且野蛮的，其刑律也同样是严厉的。
>
> 我们应该采用以下的表达：
>
> 与以战争、斗牛和格斗为乐相对应，人们还用绞刑、火刑和肢刑作为惩罚方式。

正如蜜蜂常可以在苹果汁制造厂周围寻觅到蜜汁一样，能构建图景的措辞在《圣经》和莎士比亚的著作中也是处处可见的。例如，一个普通的作家也许会认为有些事情是奢侈的，就如追求完美那样。那么，莎士比亚是如何看待这种思想的呢？通过借助图景措辞，他有一句不朽的名言："往金灿灿的金子上镀金，往绚烂的百合上着颜色，往娇艳的紫罗兰上洒香水。"

你曾否留意过历代相传的格言绝大部分都是形象化的语言？例如："手中一只鸟胜过林中一对鸟。""不雨则已，一雨倾盆。""强扭的瓜不甜。"同样，经历数百年且长久被使用的比喻也有类似的情形："像狐狸一样狡猾"、"像门钉（木桩）一样死板"、"像烙饼一样扁平"、"像石头一样坚硬"。

　　林肯从不间断使用形象化的语言,在白宫期间,当面对着冗长、烦琐、程式化的报告时,他会感到厌烦,但他不采用一般性的批评,而是用形象的语言让人不容易忘记:"当我派人去买马时,我不想知道马尾巴上有多少根毛,而想知道这匹马有何特点。"

6. 通过对比激发听众兴趣

> 我对生活充满了激情以至于我不能自已。因此,我就把自己的感想告诉了读者。
>
> ——美国著名作家 理查德·沃斯波恩·查尔德

以下是麦考莱对查尔斯一世的宣判。大家可以注意到麦考莱不仅运用了形象化的语言,还运用了并列句。另外,强烈的对比引起了大家的注意。这强烈的对比就如砖与石灰泥对墙的功效一样:

> 我们控告查尔斯,是因为他违背了他的就职誓言,而且,他对婚姻亦是如此!我们控告他,是因为他把人们抛弃给了头脑发热的教士们,使人们饱受痛苦,而他的唯一对策就是抱着自己的小孩而吻之。我们控告他,是因为他曾承诺遵守《权利法案》,而现在又违反它,我们还得知他现在已习惯每天早晨听祷文!基于这一些考虑,又加上他那范戴克式的衣着、英俊的脸庞、尖尖的胡子,我们一致认为,他已在当代公众心目中威望扫地。

兴趣可以互相影响

我们对能激起听众兴趣的素材已谈论了很多。然而,正如库克所说的,如果你机械地照搬这些方法,那么演讲仍会是枯燥乏味的。激发并保持听众的兴趣是一件很微妙的事情,实际上是一种感觉和心理。它并不像操纵一台蒸汽机那样有章可循,可以说这是没有什么规则的。

但要记住,兴趣是可以互相影响的。当你自身有过不愉快的经历时,听众是可以感受到并理解的。不久前,在巴尔的摩市的公众演讲课程中,一位绅士在课间警告大家说,目前如果不停止在切萨皮克海湾大肆捕获岩石鱼,那么这种鱼很快就会灭绝。对于这个话题,他已思考了好几年了,并深知其重要性。他的言行举止表明他对此事件持非常认真的态度。当他开始演讲时,我对切萨皮克海湾的岩石鱼一无所知,可以想象,许多听众也应该和我一样对其一无所知,并不感兴趣。但在演讲还没有结束时,我们所有人都深深理解了他的观点,都一致同意向立法机关递交申请,请求立法保护岩石鱼。

当理查德·沃斯波恩·查尔德担任美国驻意大利大使时,我曾向他请教他成为备受欢迎的成功作家的奥秘。他回答我说:"我对生活充满了激情以至于我不能自已。因此,我就把自己的感想告诉了读者。"对于这样的作家或演讲者,有谁不会被迷住呢?

我曾在伦敦听过一次演讲。当演讲结束时,我们中的一位著名英文作家,E.F.本森先生评论说,他更喜欢演讲的后半部分。当我问他何因时,他说:"这位演讲者好像对后半部分兴趣更浓,而我通常会被演讲者的热情与兴趣所左右。"

任何一个人都是如此,要谨记这一点。

小结

一、我们会对平凡的事物中的不平凡之处感兴趣。

二、我们最感兴趣的是我们自己。

三、如果你能够引导别人谈他们自己的事情、兴趣,而自己则在一旁专心听讲,即使很少发言,你也会被认为是一位优秀的交谈对象。

四、美好的传说以及人们的故事都会赢得听众的注意力。因此,演讲者应精简要点,并借助有趣的事例对要点进行阐述。

五、演讲要具体确切,不要只是把父亲描写为"贫穷但诚实"的人,把马丁·路德形容为"固执而倔强"的孩子,而应该列举事实,如马丁·路德"在一个上午被老师打了十五次之多"。那么,这样的表述才会更清晰、有趣,给人以深刻的印象。

六、在你的演讲中运用形象的措辞,使人们能在头脑中创造图景。

七、如果可以的话应使用并列句和对比手法。

八、兴趣可以互相影响,听众是完全能理解演讲者自身的不愉快经历的。但是,只是机械地照搬方法是无法吸引听众的。

第十二篇
润饰你的语言

要润饰语言,就要力图做到表达确切,哪怕是思维中的最微妙之处。对于这一点,即使是训练有素的作家也不那么容易做到。

真正全新的事物是寥寥无几的。即使是最伟大的演说家,他们的妙语连珠,很大程度上是他们勤于读书、勤于识记的结果。

> 依我看，衡量学校教育质量的一个重要标准，是看学生能否说一口准确、优美的母语。
>
> ——哈佛大学校长 查尔斯·W.艾略特

一个穷困潦倒的英国无业游民，正徘徊在费城的街头寻找工作。他走进了该城著名的商人保罗·吉本斯先生的办公室请求面谈。吉本斯先生不信任地打量着这位打扮不入流的陌生人。只见他衣衫褴褛，还有几处磨破了，浑身上下都透着一股寒酸气。也许一半是出于好奇，一半是出于怜悯，吉本斯先生同意与这位陌生人面谈。起初，吉本斯先生只打算谈一会儿，没想到一会儿变成了十几分钟、几十分钟，又延伸到一小时，而面谈仍没有结束。最后，在面谈结束时，吉本斯先生当即打电话给费城一家公司的经理罗兰德·泰勒先生，推荐这位陌生人。泰勒先生是费城的主要金融家之一，他很快邀请这位陌生人共赴午餐，并为他安排了一个极受青睐的职位。那么，这位外表寒酸、穷困潦倒的人是如何在如此短的时间内获得如此不同的待遇呢？

原因很简单：他会说一口标准的英语。其实，他是英国牛津人，来费城做一笔生意，但是生意做赔了，既没有资金，又没有朋友在这儿，正处于困境中。幸亏他的一口准确而优雅的母语，可以让听者迅速忘却他的衣衫褴褛和蓬头垢面。于是，他的语言就成为他跻身商界名流的通行证。

也许这个陌生人的故事有点特殊，但它揭示了一个根本且普遍的真理，那就是：我们判断一个人，通常是根据其言谈，因为一个人的言谈是反映着他的个人修养的。而明察秋毫的听众就可以从中判断出这个人的教育背景和文化概况。

我们每个人都只有四种渠道与世界发生联系，而对我们自身的评价与划分也有四种渠道，即我们的职业、外表、言谈以及说话技巧。然而，有一些人一生都是在错误中度过的。在离开学校后，他们就不再有意识地去丰富自己的词汇，不去掌握词句的引申意，表达也不再精益求精，相反，他们习惯性地说一些街头小巷中的大白话和废话。毫无疑问，他们的话语缺乏个性和技巧。也毫无疑问，他们的发音违背了发音规则，很不准确，同时也出现了一些低级的语法错误。我确实曾听过一些大学毕业生满口是令人哭笑不得的错误的语法。那么，既然拥有高学历的人也犯如此的错误，那我们又怎能苛求因经济困难而中途辍学的人不犯错误呢？

多年前的一个下午，我正在罗马剧场里站着发呆，一个陌生人向我走来。他是一个英军上校。他向我做自我介绍后，就开始向我讲述他在不朽城的经历。然而，没说上几句，他的口中就接二连三地蹦出一些低级的语法错误。那一天，他穿着一双擦得发亮的皮鞋，一身着装整洁干净，显然，这是为了建立自信，赢得他所接触的人的尊重。然而，他并未意识到去润饰自己的语言，以求表达精确。他这种人，可能会因为向女士讲话时忘记脱帽而感到羞耻，但绝不会因为说话屡犯错误，给听者带来困扰而后悔不迭。不，而是他根本没有意识到自己的错误。因此，透过他糟糕透顶的言谈，毫无疑问，人们已将他划归为缺乏文化涵养的那一类人。

在担任哈佛大学校长三分之一个世纪后，查尔斯·W.艾略特博士宣言说："依我看，衡量学校教育质量的一个重要标准，是看学生能否说一口准确、优美的母语。"这是一个具有深远意义的见解，值得我们深入思考。

也许你会问，如何才能熟练运用语言，从而做到情意并达、优雅顺畅呢？幸好，要做到这一点并不神秘，也不需要什么技巧，这方法是公开的秘密。没有人能像林肯那样将枯燥的语言编织成标致的语句，或者编写成优美的韵律，如"怨恨导致纷争，慈爱走向共和"。林肯的父亲是一个未受过教育的木匠，他的母亲也未受过正规教育。那么，是林肯天生就被赋予了强大的语言能力吗？然而，从他的家庭背景和成长经历看，这种假设并不成立。当他入选国会议员时，他在官方资料记载中用了一个形容词描述自己的教育背景，"有瑕疵的"。确实，林肯一生中接受正规教育的时间还不到一年。那么，谁是他的老师呢？是肯塔基州森林里的撒迦利亚·伯尼和黑兹尔，还是印第安纳州里沿着鸽子小溪生活的阿瑟尔和安德鲁？然而，所有这些老师都是四处流浪者，他们从一个地方转移到另一个地方，通过教孩子们读、写、算来换取食物，以维持基本生计。因此，林肯从这些老师中得到的启发和教育少得可怜，而且，他的生活环境也没能给他提供什么。

后来，尽管林肯到了伊利诺伊州第八行政管辖区担任律师，但他所接触的农民、商人、律师、当事人等的语言都是平淡无奇的。然而，最重要的是，林肯与那些同行或市井小民在一起时，并没有浪费掉宝贵的时间，而是从政界名流、歌唱家、诗人等身上汲取养分。他能够背诵彭斯、拜伦、布朗宁的整篇作品。他还写了一篇关于彭斯的文章。另外，他还买了拜伦的两套诗集，一套放在办公室，一套放在家里。放在办公室里的那套因为翻看遍数太多而松散了，即使是把它放正,也会很自然地翻开到《唐璜》部分。后来不论是在白宫日理万机,还是为残酷的内战而殚精竭虑、劳损形神,他仍要在临睡前抽空阅读胡德的诗集。有的时候他半夜醒来,就会翻阅诗集。当偶然读到使人振奋的诗句时,他便会起床穿好睡衣,趿着拖鞋满大厅寻找他的秘书,让秘书一首诗一首诗念给他听。在白宫处理政务的间隙,他会抽时间去背诵莎士比亚的作品。他还会批评演员对作品的表达不当,并给出自己的见解。他曾给一位名叫海凯特的演员写信说:"我曾读过莎士比亚的一些戏剧。作为一名外行的读者,我觉得无论是李尔王、理查德三世、亨利八世、哈姆雷特都不及麦克白表演得好,那真是太精彩了!"

林肯同样钟情于韵文。无论是在公众场合还是在私下场合,他都会朗读或者记忆一些韵文,甚至动笔创作。他还曾在他姐姐的婚礼上朗诵了自己的一首作品。到中年时,林肯的作品已有厚厚的一本了。但由于生性谦恭,即使是最亲密的朋友,他也从不轻易把自己的创作示人。罗宾逊在他的著作《林肯传》中写道:"这位自学成才的伟人,用他纯粹的文化和知识武装自己的头脑,真可谓是天才,但他的成才途径,正如爱莫顿教授评价伊拉斯谟:'他从小就辍学了,但他按照普通的方法无时无处不在进行自学,也就是孜孜不倦、勤奋刻苦地去学习、去实践。'"

正是这位曾在印第安纳州的鸽子农场每天以掰玉米、屠宰牲畜来赚取三十一分钱日薪的笨拙小孩——林肯,在葛底斯堡做了一次最著名的演说。在葛底斯堡战役中,十七万人参加了战斗,七千人阵亡,战争极其惨烈。但查尔斯·萨姆纳说,在林肯去世不久,战争会被人们遗忘,但林肯的演讲仍会长留青史,或者说人们之所以记起葛底斯堡战役,很大程度上是因为林肯的葛底斯堡演讲。历经多年,又有谁还会怀疑这预言的正确性呢?

爱德华·埃弗里特发表了长达两小时的演讲，然而他所说的早已被人们忘记了。而林肯的演讲都不足两分钟，当摄影师架起旧式照相机，对焦后准备拍照时，林肯已经完成了他的演讲。

林肯的这篇演讲现已被镌刻在不朽的青铜制品上，并放置在牛津大学的图书馆里，作为英语史上的杰作供人们缅怀、学习。因此，每一位致力于公众演讲的学员都应好好记诵它。

八十七年前，我们的先辈们在这块大陆上建立起了一个崭新的国家。它孕育于自由之中，信奉人人生来平等的理念。现在，我们正在进行一场伟大的国内战争。这场战争将考验我们国家以及任何一个孕育于自由、信奉平等理念的国家是否能够长久存在。今天，我们在这场战争的一个伟大的战场集会。我们来到这里，将这个战场的一部分土地奉献给在此为国家生存而献出生命的人们，作为他们永久的安息之所。我们这样做，是完全恰当，也是合乎情理的。然而，从更广意义上说，我们不能奉献这片土地，我们无法使之神圣，使之光荣。因为那些在这里战斗过的勇士们，无论是活着还是死去，已经使这片土地变得如此神圣，远非我们微薄的力量所能予以增减。世人将不大注意，也不会长久记住我们在这里所说的话，但世人永远不会忘记他们在这里所做的一切。相反，我们这些活着的人，应该致力于勇士们尚未完成的事业。那些曾在此地战斗过的勇士们已作出了最后的、彻底的奉献。我们更应该献身于仍然留在我们面前的伟大任务。勇士们的牺牲将激励着我们更加献身于他们为之奉献了最后一切的事业。我们决不能让勇士们的鲜血白流。在上帝的保佑下，我们一定要使我们的国家获得自由的新生,我们要使这个民有、民治、民享的政府永世长存!

人们普遍认为,林肯这篇演讲的点睛之笔在于最后一句话。那么,这句经典的话是林肯的首创吗?事实并非如此。在早些年的时候,林肯的律师同事赫恩登曾送给他一本西奥多·派克的演说集。林肯认真地阅读了此书并对经典词句做了标记,如"民主政府是直接全民自治的政府,它凌驾于人民之上,又是全民公治、全民共享"。其实,西奥多·派克的这句话也是引自于韦伯斯特的话。在派克借用这句话的四年前,韦伯斯特就在写给海恩的回信中提到"所谓人民的政府,是为民所有、为民所治、为民所享的政府"。然而,韦伯斯特的这句话的灵感也是来源于美国前总统詹姆斯·门罗于三十多年前发表的演讲。那么,詹姆斯·门罗又是引自谁的呢?在詹姆斯·罗门诞生的五百多年前,英国神学家、宗教改革家威克利夫就在他那本《圣经》译著的前言中写着:"这本《圣经》是奉献给民有、民治、民享的政府的。"那么,又在威克利夫的许多年以前,大约在耶稣诞生的四百多年前,雅典的政治家、宗教界领袖克里昂,在对其国民演讲时就提到"民有、民治、民享"的治理者。那么,克里昂的灵感又源于何处呢?因为历史的久远,这无法考察了。

由此可见,真正全新的事物是寥寥无几的。即使是最伟大的演说家,他们的妙语连珠,很大程度上是他们勤于读书、勤于识记的结果。

勤于读书、勤于识记,这就是拥有好的演讲措辞的秘诀。因此,不管谁想丰富和扩大他的词汇量,那么,他就得不断从人类的巨大知识宝库中汲取养分。约翰·布莱特曾说过:"当我在图书馆时经常会有一种悲哀,那就是,人生是如此短暂,而我无法充分地尽享眼前的知识大餐。"布莱特自幼家贫，十五岁时就辍学到一家棉纺织厂工作，而且自此就没有再上学的机会了。但他却成为了同时期最杰出的演讲家之一，尤以对英语的娴熟把握和运用而著称。之所以取得如此的成功，是因为布莱特充分利用一切可以利用的时间潜心阅读，理解拜伦、弥尔顿、华兹华斯、惠蒂尔以及莎士比亚和雪莱的著作，他将经典的词句、篇章抄在本子上，以便随时诵记。为了扩大自己的词汇量，布莱特每年都会重温一遍《失乐园》。

类似的例子数不胜数。查尔斯·詹姆斯·福克斯经常通过大声阅读莎士比亚的著作来改进文风。格莱斯顿称他的书房为"和平的殿堂"，里头共收藏了一万五千册书，他坦言阅读圣奥古斯丁、巴特勒主教、但丁、亚里士多德、荷马等人的著作使他获益匪浅。其中，《伊利亚特》和《奥德赛》深深地迷住了他。为此，他曾写了六本关于《荷马史诗》的著作。

小皮特则是数十年如一日地坚持每天阅读一到两页希腊文或拉丁文，然后将其译成自己的母语。结果，"他培养了一种无与伦比的表达能力，那就是能不假思索地准确、精练而有序地表达自己的思想"。

为了培养类似于希腊著名的历史学家修昔底德的高雅动人的行文风格，德摩斯梯尼将修昔底德的著作抄了八遍，结果如何呢？功夫不负有心人，德摩斯梯尼终于成为了一代大家。两千多年后，美国前总统伍德罗·威尔逊也成为他众多崇拜者中的一个。英国政治家、前首相阿斯奎斯也认为阅读巴特勒主教的著作使他终生获益。

英国桂冠诗人丁尼生每天坚持研读《圣经》。俄罗斯小说家托尔斯泰不厌其烦地反复阅读《福音全书》，直到能够背诵其中的经典篇章为止。而英国散文家、批评家、社会改革家罗斯金的母亲要求他每天坚持背诵《圣经》，而且每年要放声通读整本书。罗斯金回忆说："母亲对我要求极严，每一个单词，包括拗口的名字都不能放过。这样，从《创世经》一直读到《启示录》。"由于这样的学习和训练，罗斯金形成了他文学上的素养和风格。

罗伯特·路易斯·史蒂文森被公认为英美文学史上最受爱戴的文学大家之一，他主要从事作家的传记写作。那么，他的引人入胜的写作风格是如何形成的呢？有幸的是，他亲口告诉了我们他的经历：

> 每当我读到一些能使我感到格外愉悦的书或文章时，无论是故事本身精彩还是其影响巨大，无论是言语的鲜明还是风格的优雅，我都会马上坐下来试图模仿其特色。但是，尽管我一再尝试都无法成功。然而，天道酬勤，我的这些努力并非完全徒劳，我在措辞的韵律上、内容的协调上以及结构的安排上都得到了很好的锻炼。
>
> 就是运用这种方法，我孜孜不倦地拜读了哈兹里特、兰姆、华兹华斯、托马斯·布朗、笛福、霍桑以及蒙田等人的著作，并潜心研究和模仿他们的风格。
>
> 不管你认为如何，这不失为一种学习写作的途径。无论我是否获益，但这确定是一种方法。英国著名的浪漫派诗人约翰·济慈也是运用这一方法来学习和实践的。他的诗文优雅，可谓无与伦比。

以上已经列举了很多名字和具体的例子了，润饰语言的秘诀已显而易见了。林肯曾写信给一位渴望成为律师的年轻人说："唯一的办法就是勤读书，多思考，秘诀也就在于学习、学习、再学习。"

那么，应该读什么书呢？首先我推荐阿诺德·班尼特所著的《如何利用一天中的二十四小时》。这本书读起来畅快淋漓，犹如在洗冷水澡一样刺激，它能告诉你与你自身息息相关的许多有趣事情。比如，它会告诉你一天中你浪费了多少时间，如何停止这种浪费，如何有效利用可利用的时间。全书只有一百零三页，你可以在一周内轻松地把它读完。你可以把每天早晨的读报时间由二三十分钟压缩到十分钟，然后从书上撕下二十页放在口袋里随时抽空阅读。

托马斯·杰斐逊曾写过："我放弃了读报纸，而把这些时间改用于阅读罗马演说家塔西佗、修昔底德以及英国物理学家牛顿、古希腊数学家欧几里得等人的著作，我发现从中所获得的乐趣要比读报纸获得的乐趣多得多。"那么，模仿着杰斐逊，你至少把用于读报的一半时间分出来阅读一些有意义的书籍，你会发现自己在不知不觉中变得更快乐、更明智了，你相信吗？那为何不先试一个月，坚持读一本有意义的书？你也可以撕下二十页随身携带，在等待电梯、等候公共汽车、等候食物甚至等候约会的时候拿出来看看，你一定会有惊人的收获。

当你读完前二十页后，把它们放回到书的原处，然后再撕下后二十页。当你把整本书读完了，就用橡皮筋把所有散页按顺序捆好，这样，书的样子虽然残缺，但书的内容已深深地印在了你的头脑里了。这比起只把书完好地放在书架上而不去阅读不是好得多吗？

读完了《如何利用一天中的二十四小时》后，你也许会对阿诺德·班尼特的另一本书感兴趣，即《人类机器》，这本书能够教你巧妙地处理人际关系，培养你稳健、泰然的形象。以上推荐的这两本书并不仅因为内容具有启发性，更因为它们的表达精练雅致，对丰富你的词汇有很大帮助。

下面再推荐几本书，希望对大家有所帮助：美国小说家弗兰克·诺里斯所著的《章鱼》和《股市风云录》，这是美国最畅销小说中的两部。前者讲述的是发生在加利福尼亚州一片麦场上的骚乱和人性的悲剧,后者讲述的是在芝加哥股市交易所上人们明争暗斗、尔虞我诈的情形。英国著名小说家和诗人托马斯·哈代的《德伯家的苔丝》是有史以来最质朴优美的作品之一。纽厄尔·德怀特·希利斯所著的《人之于社会的价值》和威廉·詹姆斯所著的《给教师们的忠告》也是两本很值得阅读的书。此外,安德烈·莫洛亚所著的《雪莱传》、英国诗人拜伦所著的《恰尔德·哈洛尔德游记》以及罗伯特·路易斯·史蒂文森所著的《骑驴漫游记》等也应该列到你的阅读书目中。

让拉尔夫·沃尔多·爱默生成为你的挚友,每天为你朗诵他的首篇著名散文《自助》:

> 唤醒你内心的信念,它便具有普遍的意义。因为最深入的终将会成为最外在的——我们的最初想法终将会在最后的审判喇叭声中返回给我们。尽管心灵的呼唤对每个人来说都是很熟悉的,但是摩西、柏拉图和弥尔顿的最了不起的功绩在于他们蔑视书本和传统,不人云亦云,而是论及他们自己的思想。因此,每个人应善于发现、捕捉自己内心深处的亮光,而非诗人或圣贤们的光辉。然而,人们不假思索地抛弃自己的思想,就是因为那是自己的思想。其实,在每一部天才作品中,我们都可以找到被我们自己抛弃的思想:它们带着某种陌生的尊严又回到我们的面前。伟大的艺术作品就不会给我们这种感觉了,因为它教诲我们要用最平和、最执着的态度遵从内心深处最自然的念头,直到把它完全表现出来。要不是这样的话,明天定会有某个人以权威的口吻高谈阔论那些我们曾经想到的、感受到的想法。到那时候,我们只好惭愧

地从别人手中接受本来是属于我们的想法。

每个人在受教育的过程中总会在某一个时候意识到：妒忌是无知的，仿效是自杀。然而，无论是好，是坏，他都必须接受属于自己的那一份。广阔的世界充满珍馐美味，然而，只有在自己的土地上辛勤耕耘，富含营养的谷物才会获得丰收。赋予他体内的力量是新生的力量。但是，只有他知道自己能做什么，而且也只有在尝试之后才能知晓这力量。

我们仍然留了两名举世公认的大师级作家没有提及，他们是谁呢？当美国著名的作家亨利·欧文被问及他所认为的一百部最优秀的作品是哪些时，他回答说："在一百部书之前，我首推《圣经》和莎士比亚的作品。"欧文说得不假，我们应该畅饮在英美文学长盛不衰的源泉中，不断品味，不断思索，然后把报纸扔到一边并喊道："莎士比亚，今晚到这儿来跟我谈谈罗密欧和朱丽叶的爱情故事，说说麦克白以及他的远大理想吧。"

如果你真能这样做，你将会有何收获呢？慢慢地，在潜移默化之中，你的表达会变得优美凝练；逐渐地，你的人格就会显得雅致、高尚并受人尊重。这正如歌德所说的："告诉我你读了哪些书，我便会知道你是怎样一种人。"

完成以上我所推荐的书目及读书安排并不需要花费什么，而只需要你的坚强的意志力、缜密的思考力和长久的忍耐力……你不必买大部头的著作，只需要花二十五美分就可以买爱默生或莎士比亚的短剧了。

1. 马克·吐温语言魅力的源泉

>我父亲从不允许他的家人有不正确的语言表达。
>
>——美国总统 伍德罗·威尔逊

马克·吐温是如何培养其幽默的语言风格呢？在年轻的时候，马克·吐温乘着慢吞吞且毫不舒适的公共马车只身一人从密苏里州游历到内华达州。因为食物和水是乘客和马匹的必需品，所以必须携带，而行李是以盎司计算的，多一份重量，也就意味着马车的行进就多一分危险。然而，在载重量已剩寥寥无几时，马克·吐温仍想方设法带上一部《韦伯斯特大词典》。不管是翻山越岭，还是穿行沙漠，抑或是出入土匪强盗的出没栖息之地，马克·吐温都没有舍弃这部大词典，他渴望成为一名语言大师。凭着非凡勇气和顽强的毅力，他克服种种艰难险阻，一步步地朝着目标迈进。

除了马克·吐温外，皮特和查塔姆勋爵也把《韦伯斯特大词典》从头到尾，一词不漏地看了两遍。布朗宁每天都认真阅读此词典，认为它不仅有指导性，而且还有趣味性。林肯在形容他的传记作者尼古拉和赫时曾说："他们常在黄昏开始阅读词典到睡意袭来才作罢。"其实，每一位杰出的作家或演讲者都有苦读词典这一做法，这是没有什么特例的。

美国前总统伍德罗·威尔逊对英语的掌握运用可谓出神入化。他的一些著作,包括他的美国对德国宣战的誓言书的一部分,都毫无疑问地在英美文学史上占有一席之地。以下的故事是关于他如何培养自己的语言能力的:

  我父亲从不允许他的家人有不正确的语言表达。一旦我们出口有误,父亲就会马上纠正我们。当我们遇到不熟悉的词语时,父亲就会耐心地向我们解释。为了加深对生词的印象,父亲还鼓励我们在交谈中运用该词语。

美国纽约有一名演说家在演讲时句子结构严谨,语言表达质朴优美,备受赞美和推崇。在最近的课程中,他终于揭开了他正确且贴切地运用词语的奥秘。原来,每当他与人交谈或在阅读中遇到不熟悉的词语,他就会把它记在备忘录上,当晚睡觉前,他就会查阅字典,认真学习并掌握该单词。如果哪天没有发现新词语,他就会翻阅一两页费纳德编著的《同义词、反义词和介词》一书,认真掌握每个单词的确切意思。因此,在日常交谈中,他的词语总是变幻无穷。一天掌握一个生字——这就是这位出色的演讲家的箴言。这也就是说,在原来的基础上,一年可增加三百六十五个词语。为了增强记忆,他把这些新词语抄在一些小的笔记本上,随身携带,在有空的时候就看上几眼。时间长了,他发现,一个新单词只要使用过三次便永远不会忘记了。

2. 单词背后的浪漫故事

> 找出这些单词背后的故事，你会发现它们是如此的多彩，如此的有趣。
>
> ——戴尔·卡耐基

词典不但能让我们弄清词的意思，还可以让我们追溯到它的起源。通常，在单词词义之后，会附上该单词的起源，并用括号括起来。因此，不要把你日常所使用的单词纯粹看成是枯燥乏味的符号，其实它们极富色彩，生动浪漫。例如，如果没有吸取各种语言和文化的精华，我们会连最普通的"telephone the grocer for sugar"（给杂货店打电话买糖）这句话也无法表达。"telephone"（电话）这单词由两个希腊单词组成，"tele"是"远"的意思，"phone"是"声音"的意思。"grocer"（杂货店）源于古老的法语单词"grossier"，而法语这一单词又源于拉丁文"grossarius"，原意指批发商或批发。"sugar"（糖）这一单词也源于法语，而法语的这个单词是引自西班牙语。再追溯下去，就是西班牙语引进了阿拉伯语，阿拉伯语引进了波斯语，而波斯语中的"shaker"则是起源于梵语"carkara"，是"糖"的意思。

也许你在一家公司工作或者你是公司的董事，那么"公司"（company）一词是起源于古老的法语"companion"，而"companion"

由"com"（一起）和"panis"（生计）两个词根组成。"companion"是指"同事"，那么"company"则指一群共同谋生的组织，引申为"公司"。你所赚取的"工资"（salary）本来指买盐（salt）的钱。在古罗马时，士兵们所获得的收入只能用于买盐，有一天，某个喜欢说笑打趣的人称自己的全部收入就是买盐钱（salarium）。于是，经过了后来的发展和演绎便成了英语中的单词。再比如你手中拿着的这本书（book），起源于"山毛榉"（beech）一词。因为很久以前，盎格鲁撒克逊人在山毛榉树上或山毛榉做的简札上刻录文字，从而引申出"book"这一单词。而你口袋中的"dollar"（美元）则是起源于"valley"（峡谷）。因为在十六世纪的时候，首批美元硬币的铸造是在山谷中（thaler或dale或valley）进行的，因此，就从"valley"引申到"dollar"。

"Janitor"（看门人）与"January"（一月）这两个单词都源于一个伊特鲁里亚铁匠的名字，这个铁匠居住在罗马，他造门锁和门闩。当他去世后，他被奉若为神明，并被幻化为两面人，所以他能同时看到两个方向，并与门的开启和关闭相联系。于是，辞旧迎新的那个月份就被称为"January"（一月）或"Janus"。因此，当我们提起"January"或"Janitor"时，就会想起在耶稣诞生前一千年的铁匠，他的妻子叫珍。

"July"（七月）这个单词是以"Julius Casar"（朱利斯·凯撒大帝）的名字命名的，而"奥古斯都大帝（Augustus）"也不甘落后，把八月份命名为"August"。然而当时八月份只有三十天。奥古斯都大帝可不愿意以他命名的月份比以凯撒大帝命名的月份天数少。于是，他从二月份里抽出一天加到八月份中。这种虚荣的偷窃行为已经成了不可抹杀的历史印记，跃然于我们今天的日历之上。不管真实与否，你都会发现这些单词的渊源是很有趣的。

你不妨拿出一部大词典来查阅一下这些单词的起源：

atlas（阿特拉斯，顶天的巨神）、boycott（抵制）、cereal（谷物的）、colossal（巨大的）、concord（和谐的）、curfew（宵禁）、education（教育）、finance（金融）、lunatic（疯狂的）、panic（惊慌的）、palace（宫殿）、pecuniary（金钱的）、sandwich（三明治）、tantalize（逗弄）。

找出这些单词背后的故事，你会发现它们是如此的多彩，如此的有趣。当你在使用它们的时候，你将会更愉悦，感到别有一番趣味。

3. 一句话反复修改了一百零四次

> 举凡成功的作家都很注重语言表达的贴切。
>
> ——戴尔·卡耐基

要润饰语言,就要力图做到表达确切,哪怕是思维中的最微妙之处。对于这一点,即使是训练有素的作家也不那么容易做到。范妮·赫斯特曾告诉我,她有时写句子要修改五十到一百次。她还说在跟我交谈的前几天她做了一个统计,结果有一句话修改了一百零四次。梅布尔·赫伯特·厄纳也曾告诉我,她有时会花上一个下午的时间,对即将在多家报纸发表的短篇小说中的一两句话做删改。

以下是古弗尼尔·莫里斯讲述理查德·哈丁·戴维斯如何不停地反复修改用词的故事:

> 他小说中的每一个单词,都是在他所想到的无数个词语中经过不断地严格筛选才确定下来的。其实,不仅是单词,还有段落、章节,甚至是整个故事,他都会对之反复修改好几遍,直到满意为止。他崇尚这种严格甄选的原则。例如,要是他描述一辆汽车驶进大门的情景,他首先会详尽地、不漏任何细节地将两眼所看到的情景原原本本地描述出来。接

着，他会逐一删除那些既不容易回忆起来，又无关紧要的细节。每当删掉一处，他都会问自己："原来的场景仍完整吗？"要是有缺憾，他就会把刚删掉的部分恢复。就这样，他反复地做着删改，直到能为读者提供一幅简洁明快而又完整的图景为止。就是因为遵循这一严格的筛选原则，才使他的作品具有如此经久不衰的魅力。

然而，我们中的许多人或是没有时间，或是没有耐心去孜孜不倦地修改词句。而以上我所举的例子都是要让大家明白，举凡成功的作家都很注重语言表达的贴切。希望大家能认识到这一点，从而提高练习英语的兴趣。当然，演讲者如果为了寻找一个合适的词来表达他的潜在之意，而导致了演讲时嗯嗯呀呀犹豫半天，就很不实际了。你应该在平常的交谈中就注意语言表达的精确性，并使之锻炼为一种无意识的技能。许多人应该注意这一点，但是，他们有注意吗？很遗憾，是没有的。

弥尔顿可以熟练掌握八千个词汇，而莎士比亚可以熟悉掌握一万五千个。一本标准的词典大概涵盖五万个词汇，但根据普遍的估计，普通人大约只掌握两千个单词，他们仅仅用一些连词把动词、名词、形容词简单地连接起来。由于他们的惰性，或者太投入工作了，他们根本不愿意为精确地表达而耗神。那么，结果如何呢？当然是糟糕透了。下面就给大家举个例子。我曾在美国科罗拉多州的大峡谷度过了一段美好且难忘的日子，但其中有一天，我听到一个妇人在形容一只中国家犬的可爱、一段管乐选段的动人、一个男人的温文尔雅，以及大峡谷的壮观时，统统用了一个形容词"beautiful"（美丽的），这是多么令人扫兴啊！

那么，她应该如何说才确切呢？罗热曾对"beautiful"这个单词的形容词做了归纳，多达七十个，如：漂亮、英俊、靓丽、妩媚、妖娆等。这里就不再一一赘述了。

"beautiful"的七十个同义词都能在罗热的《词语汇编》中找得到。对我而言，这本书对我的帮助巨大。每当我写作时，它都伴随我的左右。而且我发现，我使用它的频率是十倍于我使用词典。

这本《词语汇编》是罗热数十年呕心沥血辛勤劳作的结晶，虽然它只相当于一条普通领带的价格，但它会陪伴你终生。因此，不要只是把它放到高高的书架上，它是一本工具书，要勤于翻阅。当你润饰你的语言时，查阅它；当你记录你的信件或报告时，查看它。经常使用它吧，你的语言魅力将会与日俱增。

4. 避免陈腐的表达

> 要多读经典的散文、诗歌，而且在写作的时候要批判性地消除堆砌的辞藻和陈腐的表达。
>
> ——美国著名作家 凯瑟琳·诺里斯

润饰语言不但要做到确切，更要力求风格清新，表达新颖。一定要有勇气把自己的见解表达出来，因为即使是同一事物，从不同的视角看也会产生不同的效果。例如，在一场暴雨后，有的人在形容雨过天晴时会独创一个新颖的比喻，"像黄瓜般沁凉"。这句形容多特别，因为它给人一种独特的新鲜感，即使到后来的古巴比伦伯沙撒王的有名的宴会后的演讲中使用这句话，也仍会给人留下崭新的活力。而如今，那些靠抄袭前人的创作来标榜自己的创新的人就应该要感到内疚了。

以下是用来表达"冷"这种感觉的多种比喻，看看它们是否新颖，能否给人留下深刻的印象。

Cold as a frog 像蛙皮般冰冷

Cold as a hot-water bag in the morning 如过了一个晚上的热水袋一般冰凉

Cold as a ramrod 像推弹杆般冰冷

Cold as a tomb 像坟墓般阴冷

Cold as Greenland's icy mountains 若格陵兰冰山一样冷酷

Cold as clay—Coleridge 冷如黏土——科勒律治

Cold as a turtle—Richard Cumberland 冷得像乌龟——理查德·坎伯兰

Cold as the drifting snow—Allan Cunningham 寒冷得如风吹雪——艾伦·坎宁安

Cold as salt—James Huneker 冷得像盐——詹姆斯·胡利克

Cold as an earthworm—Maurice Maeterlinck 冷如蚯蚓——莫里斯·梅特林克

Cold as dawn 寒冷得像黎明

Cold as rain in autumn 像秋雨般的凉

然后，所有感受都是由你自己决定。那么，现在就让你自己来表达一下对"冷"的感受，要注意，表达的时候一定要大胆地去创新：

冷若冰霜

寒若霜冻

冰凉的

冷冰冰的

冷飕飕的

冷森森的

寒气袭人

冰天冻地

砭人肌骨

天寒地冻

筋骨瑟缩

冷丝丝的

清寒难耐

秋风瑟瑟

我曾向凯瑟琳·诺里斯请教如何形成独特的语言风格,她回答说:"要多读经典的散文、诗歌,而且在写作的时候要批判性地消除堆砌的辞藻和陈腐的表达。"

一位编辑曾告诉我,当他在提交付印的作品中发现有两三处陈腐的表达时,他便会毫不犹豫地马上退回给作者。因为,他认为语言表达不新颖的人是不会有什么独创的见解的。

小结

一、我们每个人都只有四种渠道与世界发生联系,而对我们自身的评价与划分也有四种渠道,即:我们的职业、外表、言谈以及说话技巧。人们通常是通过个人的言语来判断一个人的。在担任哈佛大学校长三分之一个世纪后,查尔斯·W.艾略特博士宣言说:"依我看,衡量学校教育质量的一个重要标准,是看学生能否说出一口准确、优美的母语。"

二、你的语言表达很大程度上反映了你读书的多少。因此,应该像林肯那样与众多的文学大师为伴,每天晚上以及其他空余时间多读莎士比亚及其他有名的作家的作品。只要你坚持这样做了,你的表达能力将会在潜移默化中不断得到提高,还会受到越来越多的称赞。

三、托马斯·杰斐逊曾写过:"我放弃了读报纸,而把这些时间改用于阅读罗马演说家塔西佗、修昔底德以及英国物理学家牛顿、古希腊数学家欧几里得等人的著作。我发现从中所获得的乐趣要比读报纸获得的乐趣多得多。"因此,为何不模仿杰斐逊?你不必完全放弃读报,你可以把用于读报的一半时间分出来阅读一些有意义的书籍。你也可以撕下二三十页随身携带,在空余时间随时拿来看看,渐渐地,你一定会有惊人的收获。

四、把词典放在你的旁边随时翻阅,查找、掌握不熟悉的词语,并在平时不断使用以便牢记在心上。

五、学习单词的由来。这些单词背后的故事并不枯燥乏味,相反,它们极富色彩,充满浪漫性。例如,"salary"(工资)这个单词本指"买盐钱"(Salarium)。在古罗马时,士兵们所获得的收入只能用于买盐。有一天,某个喜欢说笑打趣的人创造了一句俚语,把他的全部收入称为"Salarium"(买盐钱)。

六、避免使用陈旧、乏味的词句,你的表达应要做到明确、严谨。因此,你应该多查阅罗热所著的《词语汇编》。不要把看到的所有的美好东西只用"beautiful"来形容,而你应该使用"beautiful"的近义词,如:中看、顺眼、悦目、娟秀、漂亮、英俊、靓丽、妩媚、娇艳、妖冶、光彩夺目、美不胜收等来更确切地表达这些事物的优美、雅致等特点。

七、不要再使用"像黄瓜般沁凉"之类的陈腐的比喻。你应该大胆地去创造新颖的、独特的表达。

图书在版编目（CIP）数据

演讲的艺术 /（美）卡耐基著；王林译．
- 北京：北京燕山出版社，2015.9
ISBN 978-7-5402-3924-4

Ⅰ．①演… Ⅱ．①卡…②王… Ⅲ．①演讲—语言艺术 Ⅳ．① H019

中国版本图书馆 CIP 数据核字 (2015) 第 193575 号

演讲的艺术

[美] 戴尔·卡耐基 著
王林 译
责任编辑 / 尚燕彬　金　东
装帧设计 / 小　贾

北京燕山出版社出版发行
北京市西城区陶然亭路 53 号　邮编 100054
全国新华书店经销
北京盛源印刷有限公司印刷

开本 880×1230　1/32　印张 9　字数 190,000
2015 年 10 月第 1 版　2015 年 10 月第 1 次印刷

定价：32.00 元

版权所有　盗版必究